wochenschau pocket

Arnd Bauerkämper

Gemeinsam getrennt

Deutschland 1945-1990 in Quellen

Arnd Bauerkämper

Gemeinsam getrennt

Deutschland 1945-1990 in Quellen

WOCHEN
SCHAU
POCKET

Bibliografische Information der Deutschen Bibliothek

Die Deutsche Bibliothek verzeichnet diese Publikation in der Deutschen Nationalbibliografie; detaillierte bibliografische Daten sind im Internet über http://dnb.ddb.de abrufbar.

www.wochenschau-verlag.de

Sie wollen mehr Informationen zu unseren Büchern? Zu jedem Titel finden Sie Autorenangaben, Inhaltsverzeichnis, Übersichtstexte im Internet. Sie wollen sich zu einem bestimmten Sachgebiet informieren? Klicken Sie auf die Themenstichwörter: So erhalten Sie einen guten Überblick. Wollen Sie alle Veröffentlichungen eines bestimmten Autors finden? Gehen Sie in die Autorenauskunft. Wollen Sie sich über einen Arbeitsbereich informieren? Nutzen Sie unsere Spezialkataloge. Alle Titel können Sie einfach im Shop gegen Rechnung bestellen.

Herausgegeben von: Ulrich Mayer, Hans-Jürgen Pandel,
Gerhard Schneider, Bernd Schönemann
Titelgestaltung: Ohl Design
Titelbild: Am 9. November 1989 in Berlin (Foto: WEREK)
Gedruckt auf chlorfreiem Papier
Druck und Bindung: Oldenbourg Taschenbuch
ISBN 3-89974142-0

Inhalt

Einführung

In Deutschland standen sich im Kalten Krieg die USA und die Sowjetunion mit ihren verbündeten Staaten unmittelbar gegenüber. Aber auch nach der staatlichen Trennung, die mit der Gründung der Bundesrepublik Deutschland und der DDR 1949 vollzogen wurde, und dem Mauerbau 1961 brachen die Beziehungen zwischen den beiden deutschen Staaten und ihren Bewohnern nicht vollständig ab. Insgesamt waren DDR und Bundesrepublik in wechselseitiger Verflechtung und gegenseitiger Abgrenzung vielfach aufeinander bezogen. Dabei übte das Leben in der Bundesrepublik allerdings einen deutlich stärkeren Einfluss auf die Bevölkerung der DDR aus als der ostdeutsche Staat auf die Westdeutschen.

Dieses Quellenheft enthält Zeugnisse zu den Beziehungen der beiden deutschen Staaten und deren Menschen. Die Quellen zeigen, dass die Geschichte Deutschlands von 1945 bis 1990 nur erklärt werden kann, wenn das Verhältnis zwischen den Besatzungszonen sowie zwischen der Bundesrepublik und der DDR betrachtet wird. Auch wenn dieses Beziehungsverhältnis hier im Mittelpunkt steht, wurde die Geschichte der beiden deutschen Staaten tiefgreifend von deren jeweiligen Vormächten geprägt – von den Vereinigten Staaten von Amerika einerseits und der Sowjetunion andererseits. Nicht zuletzt begleitete das belastende Erbe des Nationalsozialismus in Bundesrepublik und DDR insbesondere die Auseinandersetzung mit den historischen Traditionen und mit der Geschichte Deutschlands bis zum Ende des Zweiten Weltkrieges.

Nachkriegsprobleme

Die Teilung war 1945 nicht unmittelbar absehbar. Der Nationalsozialismus und das Ende des Zweiten Weltkriegs hatten Probleme herbeigeführt, die gemeinsam zu bewältigen waren. So mussten in den Besatzungszonen, in die Deutschland von den alliierten Siegermächten USA, Sowjetunion, Großbritannien und Frankreich aufgeteilt worden war, die Kriegsschäden beseitigt, die Flüchtlinge untergebracht, das allgemeine Chaos vermindert und die Ernährung der Bevölkerung gesichert werden.

Neuaufbau

Nachdem das Kriegsbündnis zwischen den westlichen Mächten und der UdSSR 1947/48 zerbrochen war, entwickelten sich die politischen Systeme, die gesellschaftlichen Strukturen und die Erfahrungen der Menschen in Ost- und Westdeutschland allmählich auseinander. In den fünfziger Jahren beherrschte schließlich die wechselseitige Abgrenzung im Kalten Krieg die offizielle Politik der beiden deutschen Staaten, die in sich feindlich gegenüberstehende Bündnissysteme aufgenommen wurden. Während in der DDR eine sozialistische Diktatur errichtet und die Wirtschaftsplanung durchgesetzt wurden, entstanden in der Bundesrepublik eine parlamentarische Demokratie und eine Marktökonomie. Wirtschaftlicher Wiederaufbau und „Normalisierung" des Alltagslebens waren aber gemeinsame Erfahrungen, die die Deutschen in Bundesrepublik und DDR miteinander verbanden.

Annäherung

Nachdem die Abriegelung der DDR und der Bau der Mauer in Berlin 1961 die Beziehungen zwischen den beiden deutschen Staaten und die Kontakte zwischen den Menschen in Mitteleuropa nahezu vollständig unterbrochen hatten, näherten sich die Bundesrepublik und die DDR in den sechziger Jahren langsam wieder einander an. Verträge mit Polen und der Tschechoslowakei sowie der 1972 abgeschlossene „Grundlagenvertrag" waren wichtige Stationen der „Neuen Ostpolitik".

Diese Politik wurde von der Regierungskoalition aus SPD und Freier Demokratischer Partei (FDP) vorangetrieben, die sich in der Bundesrepublik 1969 gebildet hatte. Insgesamt erleichterten die Verträge Kontakte zwischen den Ost- und Westdeutschen. Besonders Reisen und Besuche stärkten die menschlichen Beziehungen und förderten das wechselseitige Verständnis. Auch nachdem sich das Verhältnis zwischen UdSSR und Vereinigten Staaten in den späten 70er- und frühen 80er-Jahren verschlechtert hatte, rückten die beiden deutschen Staaten nicht grundsätzlich von der Entspannungspolitik ab. Die Teilung Deutschlands und der Generationswechsel hatten aber eine wechselseitige Entfremdung in vielen gesellschaftlichen Bereichen herbeigeführt.

Mit den unterschiedlichen politischen Rahmenbedingungen waren in der Bundesrepublik und in der DDR bis zu den 70er-Jahren jeweils besondere Prägungen, Wertorientierungen und Lebensformen hervorgetreten, die das Alltagsleben der Deutschen nachhaltig verändert hatten. So unterschieden sich die West- und Ostdeutschen hinsichtlich ihrer Bindung an Glauben und christliche Konfessionen zunehmend voneinander. Auch war der Anteil von Frauen an den Erwerbstätigen in der DDR deutlich höher als in der Bundesrepublik. Die Berufsarbeit in Betrieben prägte im zweiten deutschen Staat das gesellschaftliche Leben weitaus nachhaltiger als in Westdeutschland.

Vereinigung und Gegenwart

Erst der Zusammenbruch des SED-Regimes und die staatliche (Wieder-)Vereinigung der beiden deutschen Staaten durch eine gewaltfreie Revolution führten die Menschen in Bundesrepublik und DDR 1989/90 wieder zusammen. Das Ungleichgewicht zugunsten der Bundesrepublik und zu schnelle Entscheidungen im überstürzten Vereinigungsprozess verursachten aber auch Probleme, die das Zusammenleben der Deutschen bis heute nachhaltig belasten. Die Anpassung an die neuen, für sie ungewohnten Lebensverhältnisse war vor allem für die erwachsenen Bewohner der neuen Bundesländer schwierig, zumal hier die Transformation nach dem politischen Umbruch von 1989/90 durch den beschleunigten globalen Wandel verstärkt worden ist. Der Beitritt der DDR zur Bundesrepublik hat aber allen Deutschen auch neue Chancen eröffnet. Die Vermittlung der sehr unterschiedlichen Erfahrungen, die mit dem Leben in den beiden deutschen Staaten einhergingen, hat überkommene Selbst- und Fremdbilder der Deutschen in Frage gestellt. Entgegen weitverbreiteten Befürchtungen hat die Vereinigung der beiden deutschen Staaten keinen neuen Nationalismus hervorgebracht, sondern die Entschlossenheit der Bundesregierungen gestärkt, den Zusammenschluss der europäischen Staaten voranzubringen. Die Kenntnis der deutschen Geschichte von 1945 bis 1990 kann damit nicht nur zur „inneren Vereinigung" maßgeblich beitragen, sondern auch zur fortschreitenden politischen Integration Europas. Bleibt die DDR eine „Fußnote" in der Geschichte, wie Ostdeutsche schon 1990 befürchteten? Welche Erfahrungen können die Menschen, die von 1949 bis 1990 in zwei benachbarten und doch getrennten Staaten lebten, in das vereinte Deutschland einbringen? Dieses Quellenbuch soll ermöglichen, Antworten auf diese Fragen und damit einen eigenen Standort in der gesamtdeutschen Gesellschaft zu finden.

Geteiltes Gedächtnis – gemeinsame Erinnerung

Diese Autobahnbrücke bei Hof/Saale an der Grenze zwischen Thüringen und Bayern wurde 1945 von deutschen Truppen zerstört und erst 1995/96 wieder aufgebaut. Sie wirkt wie ein Symbol der Teilung Deutschlands.

Deutschland wurde nach dem Zweiten Weltkrieg stufenweise geteilt. Schon seit 1952 trennte eine Demarkationslinie die beiden deutschen Staaten. Die Grenze war Symbol der SED-Politik gegenüber der Bundesrepublik und den anderen westlichen Staaten. Die Staats- und Parteiführung der DDR baute die Grenze in den 60er- Jahren zu einem Hindernis aus, das kaum überwunden werden konnte. Mit dem Bau der Mauer 1961 schnürte sich die DDR endgültig von der Bundesrepublik ab. Damit entwickelten sich die Menschen in den beiden Staaten allmählich auseinander. Dennoch hielten sie, wo immer es ermöglicht wurde, weiterhin Kontakt zueinander. Die folgenden Zeugnisse beleuchten die Verbindungen, aber auch die Abgrenzungen zwischen den Menschen im politisch geteilten Deutschland.

- Die Einstellungen zur deutschen Einheit in der „Wende" gibt ein Schüler 1991 wieder. Nach dem Zerfall der SED-Diktatur 1989/90 waren in der DDR mindestens zwei unterschiedliche Entwicklungswege möglich: eine grundsätzliche Reform des Staates und die Wiedervereinigung mit der Bundesrepublik. Der Jugendliche, der in der DDR aufgewachsen ist, denkt über die Chancen eines „dritten Weges" zwischen „Kapitalismus" und „Sozialismus" vor der Wiedervereinigung Deutschlands 1990 nach und geht dabei auch auf das Alltagsleben in der DDR ein.
- Vielfältige Kontakte bestanden auch zwischen den Jugendlichen in beiden deutschen Staaten. In einem Brief an ihre westdeutsche Freundin, die in Heppenheim wohnt, berichtet eine Schülerin aus Magdeburg über ihre Interessen und ihr Alltagsleben.
- Nachdem die Entspannungspolitik in den frühen 70er-Jahren die Verbindungen zur Bundesrepublik verstärkt hatte, verschärfte die SED-Führung die Abgrenzung gegenüber kulturellen Einflüssen aus der Bundesrepublik. Der Pressekommentar zur Rede des Generalsekretärs der SED, Erich Honecker (1912-1994), spiegelt das Feindbild der führenden Funktionäre wider.

Leben in der DDR und Vereinigung Deutschlands

1991 dachte ein ostdeutscher Schüler über das „Doppelleben" in der DDR und Meinungen zur Vereinigung Deutschlands 1989/90 nach. Seine Überlegungen, die sich auf die Grenze zwischen den beiden deutschen Staaten und die Protestbewegung in Leipzig Anfang Oktober 1989 beziehen, wurden 1991 in der Wochenzeitung „Freitag" veröffentlicht.

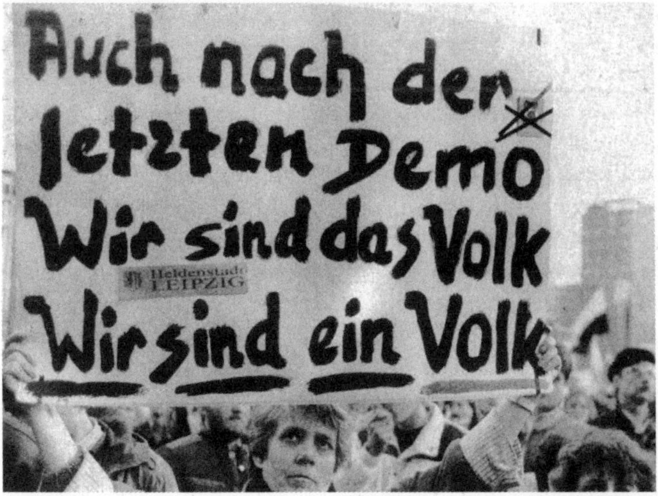

Montagsdemonstration in Leipzig, 1989

Das Ganze war eben so eine Art Doppelleben. Wir haben nach außen hin zugestimmt, dem Lehrer nach dem Munde geredet, vor allem in Staatsbürgerkunde. Das konnte auch jeder Schüler. Anders war es, wenn man sich mit Freunden unterhalten hat. Da haben wir sehr wohl abgewogen und differenziert. Der Westen war für uns nicht nur schlecht und der Osten nicht nur gut.

Es gab auch Lehrer, bei denen konnte man etwas offener reden. Das haben wir immer ganz schnell rausgefunden. Und wir wußten, daß Lehrer, bei denen wir nicht so offen reden konnten, eher hilflos waren und sich nur strikt an ihre Vorgaben gehalten haben. (...)

Die Atmosphäre in der Klasse hat sich im Herbst '89 verändert. Wir waren ziemlich schnell gespalten. Die eine Gruppe hing am alten System, die andere war wesentlich offener, diskutierte über die verschiedenen Möglichkeiten. Die erste Gruppe wurde im Laufe der Monate unpolitisch, die andere spaltete sich in links und rechts.

Anfangs fand ich schon toll, daß die Mauer weg war. Als aber das Einheitsgeschrei in Leipzig losging und ich merkte, daß es mit der DDR zu Ende geht, war ich schon nicht mehr so begeistert. Ich wußte natürlich auch, daß es so kommen mußte. Es war ja wirklich ein Unding, daß zwischen zwei deutschen Ländern so eine undurchlässige Grenze war. Diese Erkenntnis entwickelte sich bei mir aber auch erst allmählich. Manchmal habe ich überlegt, ob wir die Chance gehabt hätten, etwas Besseres aus diesem Land zu machen, wenn die Grenze später geöffnet worden wäre. Vielleicht hätten sich die Leute dann nicht so blindlings in die Einheit gestürzt. Gewünscht hätte ich mir den dritten Weg, von dem anfangs die Rede war. Eben eine DDR, in der die Menschen gern gelebt hätten. Je mehr Zeit nach der Wende verging, desto klarer wurde mir, daß eine andere Entwicklung unlogisch gewesen wäre. Die Teilung war nur möglich durch die Diktatur und die starke Mauer.

Unter den Jugendlichen hat sich auch schnell herauskristallisiert, wofür man war. Entweder du warst für Deutschland oder du warst noch für diese DDR. Anfangs war die Mehrheit für Deutschland. Jetzt ändert es sich langsam.

„Freitag" v. 21. 6. 1991; in: Christoph Kleßmann/ Georg Wagner (Hrsg.), Das gespaltene Land. Leben in Deutschland 1945-1990. Texte und Dokumente zur Sozialgeschichte. München 1993, S. 47-48

Brieffreundinnen

In einem Brief an ihre Freundin Cornelia, die in Heppenheim (Bundesrepublik Deutschland) wohnte, schilderte Fritzi aus Magdeburg 1969 ihr Leben in der DDR, aber auch die Bevormundung durch die staatliche Jugendorganisation Freie Deutsche Jugend (FDJ) und die Aktivität der „Gesellschaft für Deutsch-Sowjetische Freundschaft", welche die Verbindungen zur UdSSR stärken sollte.

Magdeburg, den 15.2.69

Liebe Cornelia!
Heute kam Dein Brief an. Vielen Dank, ich habe mich sehr darüber gefreut. Darf ich mich zuerst einmal vorstellen? Ich bin 16 Jahre, werde am 3. März 17. Ich habe lange blonde Haare und graugrüne Augen. Tiere habe ich auch sehr gerne. Ich habe einen Goldhamster „Mäxchen"und eine Schildkröte, die zur Zeit Winterschlaf hält.

Ich habe zwei Brüder, einer 15, der andere 10 und sehr frech, außerdem superfaul. Meine Mutter ist 37 Jahre und mein Vater 45 Jahre. Sie arbeiten beide in Magdeburger Betrieben. Meine Mutter als Zuschneiderin, der Vati als Schlosser.

Du fragst nach meinem Lieblingsstar. An erster Stelle steht der Franzose Michel Polnareff. Kennst Du ihn? Er singt: „Love me, please love me" und „La poupée qui fait non". Ansonsten finde ich die Beatles und Barry Ryan gut.

Meine Wände, in meinem Zimmer, sind mit Bildern aus der „Bravo" bestückt. Die meisten habe ich von meiner Freundin aus Pinneberg bei Hamburg. Mit ihr schreibe ich mich schon drei Jahre. Ich schreibe mich noch mit einem Jungen und einem Mädchen aus der CSSR. Da kann man sich am sichersten objektiv informieren. (…)

Siehst Du Beat-Club? Ich sehr gerne. Wir haben jetzt Winterferien, vier Wochen. Vorher hatten wir Chemieprüfung, als Endprüfung der 10. Klasse und in Russisch bereits das Abitur. Wir lernen schon seit der 3. Klasse Russisch. Englisch habe ich jetzt das vierte Jahr. Nächstes Jahr lerne ich noch Französisch. Ich finde diese Sprache wunderschön und beneide jeden, der sie beherrscht.

Der Junge, der meine Adresse mitgeschickt hat, geht in meine Klasse. Er ist ganz nett, aber nicht mein Typ. Mich wundert, daß es bei Euch „drüben" auch noch welche gibt, die in die Zone schreiben. Meine Freundin Bille aus Pinneberg sagte mal, als ich sie um eine Adresse für eine Freundin bat, daß es sehr schwer ist, jemand zu finden. Die meisten Mädchen seien zu eingebildet, um sich mit jemandem aus der Zone zu schreiben. Das finde ich albern. Wir sind genau solche Mädchen wir Ihr. Für Politik interessiert sich Bille nicht. Mit ihr schreibe ich mich über ihren Freund etc. (…)

In der FDJ bin ich, wie fast alle. Außerdem ist meine Klasse in der GSF (Gesellschaft für deutsch-sowjetische Freundschaft). Man merkt nicht viel davon. Außer, wenn der Beitrag kassiert wird. Und an Staatsfeiertagen „dürfen" wir im einheitlichen blauen FDJ-Hemd antanzen. Wirklich begeistert für die Interessen der FDJ sind nur die Funktionäre. Die wollen die Jugend immer mitreißen und können nicht! Wenn man sich einfach was weismachen lassen soll, wem paßt das schon! Mit manchen Lehrern kann man sich ganz vernünftig unterhalten. Die akzeptieren auch den Standpunkt der Schüler.

Sei ganz herzlich gegrüßt von Deiner
Fritzi

Hildegart Baumgart (Hrsg.), Briefe aus einem anderen Land. Briefe aus der DDR. Hamburg 1971, S. 286-287

Abgrenzung

Die Staats- und Parteiführung der SED betrachtete die Bundesrepublik Deutschland als Feindstaat, den sie beschuldigte, die DDR unterwandern und – vor allem durch „ideologische Perversionen" und „Diversionsversuche" – beseitigen zu wollen. 1971 kommentierte der bekannte Geschichtswissenschaftler Jürgen Kuczynski (1904-1998) in der Parteizeitung „Neues Deutschland" eine Rede, die Erich Honecker auf der 15. Tagung des Zentralkomitees der SED am 28. Januar 1971 gehalten hatte.

Genosse Honecker hat auf der 15. Tagung unseres Zentralkomitees erklärt, daß wir bei der Entwicklung unserer sozialistischen Gesellschaft stets vor Augen haben, „daß wir die neue Gesellschaft des Sozialismus unter den Bedingungen unversöhnlicher Klassenauseinandersetzung mit dem Imperialismus in der BRD und seiner verschärften geistigen Diversionsversuche aufbauen".

Und daraus hat er den Schluß gezogen: „Die weitere Abgrenzung der sozialistischen DDR von der imperialistischen BRD ist die wirksamste Antwort auf die reaktionäre nationalistische, antikommunistische Politik der herrschenden Kreise der BRD." (...)

Ja, wir in unserer Deutschen Demokratischen Republik wollen uns abgrenzen, soweit abgrenzen wie nur möglich, und immer weiter abgrenzen von einer Gesellschaftsordnung, in der die Interessen des Monopolkapitals das Leben der Menschen bestimmen, ihre Gedanken manipulieren und ihre Existenz verunsichern.

Abgrenzen in doppeltem Sinne: Abgrenzen im Objektiven, in der Entwicklung der sozialistischen Gesellschaft und ihrer Gesetze, die beinhalten:

Eine konsequente Friedenspolitik, die der imperialistischen Aggression keine Chance gibt, während der Revanchismus und Militarismus in der BRD die Sicherheit in Europa bedroht.

Eine menschliche Gemeinschaft, die allen ein menschenwürdiges Leben ermöglicht, während in der BRD die Werktätigen zu Objekten der Profitmacherei degradiert sind.

Eine stete Sicherheit des Lebens, auch durch die Sicherheit des Arbeitsplatzes, während in der BRD steigende Arbeitslosigkeit droht.

Eine fortlaufende Hebung des kulturellen Lebensniveaus, auch durch Hochschul- und Akademiereform, während in der BRD das Wort Misere immer häufiger im Kulturteil selbst der Monopolpresse erscheint.

Abgrenzen aber auch im Subjektiven, in unserem Verstehen dessen, was bei uns und was in der BRD vorgeht, im Erkennen des Großen und Schönen bei uns, im Begreifen all des Schlimmen, das heute in der BRD vor sich geht, und des Schlimmeren, was sich dort vorbereitet, und auch im Durchschauen aller Gaunertricks des Feindes.

Neues Deutschland v. 10. 2. 1971; in: Christoph Kleßmann, Zwei Staaten, eine Nation. Deutsche Geschichte 1955-1970. Bonn [2]1997, S. 593-594

Kriegsende

Der Soldat der Roten Armee Meliton Kantarija hisst die Fahne der UdSSR auf dem Reichstagsgebäude in Berlin am 30. April 1945. Die Szene wurde am 2. Mai 1945 für den Fotografen nachgestellt.

Nachdem die bedingungslose Kapitulation Deutschlands am 8. Mai 1945 den Zweiten Weltkrieg beendet hatte und die Vereinigten Staaten, Großbritannien, Frankreich und die Sowjetunion die Besatzungsherrschaft übernommen hatten, musste sich die Bevölkerung an neue Lebensumstände anpassen.

- Die alliierten Siegermächte legten die Prinzipien der Besatzungspolitik auf ihrer Potsdamer Konferenz fest, die vom 17. Juli bis

2. August 1945 stattfand. Der amerikanische Präsident Harry S. Truman (1884-1972), der britische Premierminister Winston Churchill (1884-1965; nach den Parlamentswahlen in Großbritannien abgelöst durch Clement Attlee) und der sowjetische Staats- und Parteichef Josef Stalin (1879-1953) beschlossen im Abschlussdokument der Konferenz allgemeine Leitlinien zum Umgang mit dem besiegten Deutschland.

- Spannungen und Konflikte beeinträchtigten schon früh das Verhältnis zwischen den Westmächten (USA, Großbritannien und Frankreich) und der Sowjetunion, wie der Brief Churchills an Truman vom 12. Mai 1945 zeigt.
- Die Nachkriegsgesellschaft war zerrüttet, konfliktgeladen und überaus mobil. Deutsche Kriegsheimkehrer und Evakuierte, ausländische Zwangsarbeiter und Kriegsgefangene verursachten (überwiegend erzwungene) Wanderungen, die weithin das Alltagsleben bestimmten. Einen Wandel der Lebenswelten führte das Kriegsende besonders für die Flüchtlinge und Vertriebenen herbei. Bis 1950 hatten sich in der Bundesrepublik und in der DDR rund 12,4 Millionen Deutsche niedergelassen, die aus den früheren deutschen Ostgebieten, aus polnischen Gebieten oder aus der Tschechoslowakei kamen. Ein Flüchtlingsmädchen drückt ihre Angst und ihre Sehnsucht nach der Heimat aus.
- Schon unmittelbar vor bzw. nach der Kapitulation Deutschlands hatten sich in allen Besatzungszonen „antifaschistische Ausschüsse" gebildet. Ziele und Tätigkeit dieser Gruppen stellt ein amerikanischer Geheimdienstbericht dar.
- Die politischen Einstellungen der Deutschen waren nach dem Kriegsende stark von den vorangegangenen Erlebnissen beeinflusst. Nach den Erfahrungen von Krieg, Verlust und Vertreibung herrschten in der Bevölkerung Hilflosigkeit und Ohnmacht vor. Zugleich waren Neubeginn und Aufbruch das Gebot der Stunde. So bildeten sich in allen Besatzungszonen schon 1945 politische Parteien. Diesen war nach dem Trauma von Nationalsozialismus und Krieg die Entschlossenheit, führende Nationalsozialisten zu bestrafen, ebenso gemeinsam war wie das Ziel, Gutsbesitzer und Großindustrielle zu entmachten. Das Bekenntnis zum „Antifaschismus" verbarg aber schon früh unterschiedliche politische Zukunfts-

konzepte, die mit dem Beginn des Kalten Krieges 1947/48 hervortraten: Die Durchsetzung einer sozialistischen Gesellschaft mit gelenkter Wirtschaft in der SBZ und den Aufbau einer pluralistischen Demokratie mit einer marktwirtschaftlichen Ordnung in den westlichen Besatzungszonen.

Kommuniqué der Potsdamer Konferenz

Auf der Potsdamer Konferenz (17.7.-2.8.1945) bekräftigten die Staatsschefs der alliierten Siegermächte ihre Absicht, die Reste des Nationalsozialismus im besetzten Deutschland zu beseitigen. Dieses Ziel sollte durch eine Entnazifizierung, Entmilitarisierung und Demokratisierung erreicht werden. Zudem waren große Zusammenschlüsse von Unternehmen (Industriekartelle) zu zerschlagen. Das nördliche Ostpreußen wurde sowjetischer, das übrige Gebiet des Deutschen Reiches östlich von Oder und Neiße polnischer Verwaltung unterstellt. Darüber hinaus beschlossen die Alliierten, Deutschland als „wirtschaftliche Einheit" zu behandeln und stufenweise den politischen Neuaufbau in Angriff zu nehmen.
Aus den Beschlüssen der Potsdamer Konferenz, 2. August 1945:

Die verbündeten Armeen üben die Okkupation von ganz Deutschland aus, und das deutsche Volk hat begonnen, die entsetzlichen Verbrechen zu sühnen, welche unter der Führung derjenigen verübt wurden, denen es in der Zeit ihrer Erfolge offen zustimmte und blind gehorchte.

Auf der Konferenz wurde ein Abkommen über die politischen und wirtschaftlichen Prinzipien der koordinierten Politik der Verbündeten in bezug auf das besiegte Deutschland für die Periode der alliierten Kontrolle erzielt. (...)

Das Ziel dieses Abkommens ist die Erfüllung der Krimdeklaration über Deutschland: Der deutsche Militarismus und Nazismus werden ausgerottet werden, und die Verbündeten werden im gegenseitigen Einvernehmen jetzt und künftighin auch andere Maßnahmen treffen, die notwendig sind, damit Deutschland nie wieder seine Nachbarn oder die Aufrechterhaltung des Friedens in der ganzen Welt bedrohe.

Churchill, Truman und Stalin (von links) während einer Verhandlungspause auf der Potsdamer Konferenz vor dem Schloss Cäcilienhof

Die Verbündeten haben nicht die Absicht, das deutsche Volk zu vernichten oder zu versklaven. Die Verbündeten haben die Absicht, dem deutschen Volk die Möglichkeit zu geben, sich darauf vorzubereiten, weiterhin die Umgestaltung seines Lebens auf demokratischer und friedlicher Grundlage zu verwirklichen. Werden die eigenen Anstrengungen des deutschen Volkes unentwegt auf die Erreichung dieses Zieles gerichtet sein, so wird das deutsche Volk im Laufe der Zeit unter den freien und friedlichen Völkern der Welt Platz nehmen können (...).

I. Die lokale Selbstverwaltung wird in ganz Deutschland nach demokratischen Grundsätzen, und zwar durch Wahlausschüsse (Räte), so schnell wie es mit der Wahrung der militärischen Sicherheit und den Zielen der militärischen Besatzung vereinbar ist, wiederhergestellt.

II. In ganz Deutschland sind alle demokratischen politischen Parteien zu erlauben und zu fördern mit der Einräumung des Rechtes, Versammlungen einzuberufen und öffentliche Diskussionen durchzuführen. (...)

IV. Bis auf weiteres wird keine zentrale deutsche Regierung errichtet werden. Jedoch werden einige wichtige zentrale deutsche Verwaltungsabteilungen errichtet werden, an deren Spitze Staatssekretäre stehen, und zwar auf den Gebieten des Finanzwesens, des Transportwesens, des Verkehrswesens, des Außenhandels und der Industrie. Diese Abteilungen werden unter der Leitung des Kontrollrates tätig sein.

Berliner Zeitung, 1. Jg., Nr. 70 v. 4. 8. 1945; in: Hermann Weber, DDR. Dokumente zur Geschichte der Deutschen Demokratischen Republik 1945-1985. 3. Auflage, München 1987, S. 47-48

Die Sowjetunion als Bedrohung

Nach der Konferenz von Potsdam wuchsen die Meinungsunterschiede zwischen den westlichen Alliierten und der Sowjetunion über Grundsätze und Ziele des politischen Neuaufbaus in Deutschland. Während die UdSSR in den Ländern, die in Osteuropa von der sowjetischen Armee erobert worden waren, ihre Macht durchsetzte, planten die englische und US-Regierung, ihre Streitkräfte aus Mitteleuropa abzuziehen oder zumindest bedeutend zu verringern. Deshalb brachte der britische Premierminister Winston Churchill in einem Brief an den amerikanischen Präsidenten Truman vom 12. Mai 1945 seine Befüchtung zum Ausdruck, dass ganz Westeuropa in die Hände der Sowjetunion fallen könnte.

Die Lage in Europa beunruhigt mich zutiefst. Ich erfahre, daß die Hälfte der in Europa stehenden amerikanischen Fliegerkräfte bereits die Verlegung nach dem Fernen Osten eingeleitet hat. Die Zeitungen sind voll von Nachrichten über den massiven Abzug der amerikanischen Armeen aus Europa hinaus. Auch unsere Armeen dürften auf Grund früherer Beschlüsse wesentlich reduziert werden. Die kanadische Armee zieht bestimmt ab. Die Franzosen sind schwach und schwer zu behandeln. Es liegt offen zutage, daß unsere bewaffnete Macht auf dem europäischen Kontinent binnen kurzem dahinschwinden wird und dort nur noch bescheidene Kräfte zur Niederhaltung Deutschlands verbleiben.

2. Was aber soll dann in bezug auf Rußland geschehen? Ich habe mich stets um die Freundschaft der Russen bemüht; aber ihre falsche

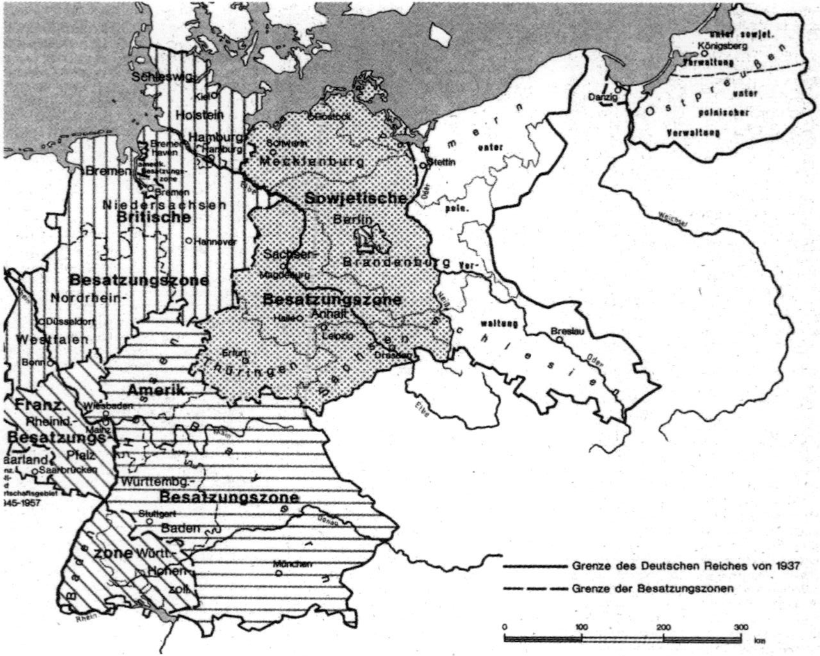

Deutschland unter alliierter Besatzung, 1947. Seit der Potsdamer Konferenz erstreckte sich das alliierte Besatzungsgebiet nur noch bis zur Oder-Neiße-Linie. Praktisch hatte Deutschland damit aufgehört, in den Grenzen von 1937 zu existieren, obwohl für die Gebiete, die unter polnischer und russischer Verwaltung standen, der Vorbehalt eines künftigen Friedensvertrags galt. In der sowjetischen Besatzungszone blieben die alten innerdeutschen Länder Mecklenburg, Brandenburg, Sachsen-Anhalt, Thüringen und Sachsen zunächst erhalten, bis sie 1952 aufgelöst und durch Bezirke ersetzt wurden.

Auslegung der Jalta-Beschlüsse, ihre Haltung gegen Polen, ihr überwältigender Einfluß auf dem Balkan bis hinunter nach Griechenland, die uns von ihnen in Wien bereiteten Schwierigkeiten, die Verkoppelung ihrer Macht mit der Besetzung und Kontrolle so ungeheurer und weiter Gebiete, die von ihnen inspirierte, kommunistische Taktik in so vielen anderen Ländern und vor allem ihre Fähigkeit, lange Zeit große Armeen im Felde stehen zu lassen, beunruhigen mich ebensosehr wie Sie. (...)

3. Ein eiserner Vorhang ist vor ihrer (der Russen) Front niedergegangen. Was dahinter vorgeht, wissen wir nicht. Es ist kaum zu bezweifeln, daß der gesamte Raum östlich der Linie Lübeck-Triest-Korfu schon binnen kurzem völlig in ihrer Hand sein wird. (...)

4. Die Aufmerksamkeit unserer Völker aber wird sich mit der Bestrafung Deutschlands, das ohnehin (...) ohnmächtig darniederliegt, beschäftigen, so daß die Russen (...) innerhalb sehr kurzer Zeit bis an die Küsten der Nordsee und des Atlantik vorbeimarschieren können.

5. Es ist unbedingt lebenswichtig, zu einer Verständigung mit Rußland zu kommen, beziehungsweise zu sehen, wo wir mit Rußland stehen, und das sofort, ehe wir unsere Armeen bis zur Ohnmacht schwächen und uns auf unsere Besatzungszonen zurückziehen. (...) Um zusammenzufassen: Das Problem, mit Rußland zu einer Regelung zu kommen, ehe unsere Kraft geschwunden ist, scheint mir jedes andere in den Schatten zu stellen.

Winston Churchill, Memoiren, Bd. IV.2. Stuttgart 1954, S. 262 ff.

Flüchtlingsmädchen in Sachsen-Anhalt

Als die Sowjets 1945 nach Deutschland vordrangen, verbreitete sich schnell die Furcht vor Übergriffen der Soldaten. Vertriebene, die in die Besatzungszonen gekommen waren, wurden von der dort lebenden Bevölkerung zudem oft verachtet und beschimpft. Ein Mädchen, das aus Liegnitz (Schlesien) geflohen war, beschrieb ihre neue Lebenswelt in Sachsen-Anhalt (Sowjetische Besatzungszone).

10. Mai 1945

Der Krieg ist aus! Schon seit zwei Tagen. Keiner darf mehr schießen.

Flüchtlinge aus dem Osten drängten in den Westen Deutschlands. Schild in Bremen 1946

Ist das schön! Nun kann auch meinem Papa nichts mehr passieren. Ich glaube fest daran, daß er noch lebt.

Die Russen kamen nach Emmendorf (Dorf in Sachsen-Anhalt) schon im April. Und vorher kam noch meine Schwester. Sie stand eines Nachts vor der Tür. Sie war getürmt, und wir mußten sie verstecken, weil das keiner wissen sollte. So hat's also gestimmt, was Elsa immer gesungen hat: „Es geht alles vorüber, es geht alles vorbei. Im Mai geht der Hitler mit seiner Partei." Dieser Hitler ist nun endlich tot, er soll sich selber umgebracht haben.

Mama hat recht, so schlimm sind die Russen gar nicht. Manche sprechen sogar deutsch und geben den Kindern was zu essen. Ich habe immerzu Hunger, schon lange, und ich weiß gar nicht mehr, wie es ist, wenn man satt ist. Manchmal, wenn der Hunger ganz schlimm ist, denke ich an die Kaninchenkeulen und den vielen Kuchen und all das andere, was ich gegessen habe, bevor wir aus Liegnitz flüchteten. Aber leider werde ich vom Denken allein auch nicht satt. Ich muß noch mal was über die Russen sagen. Es gibt nämlich welche, die sind doch ganz schön schlimm. Die betrinken sich und dann ziehen sie grölend durch die Siedlung, oder gehen einfach in die Häuser. Dann zittern die Frauen, weil sie Angst haben. Mama hat mir gesagt weshalb, verstanden habe ich es nicht. Mama hat Gott sei Dank keine Angst und versteckt sich deshalb auch nicht. Als gestern ein Russe unsere beiden Rucksäcke mitnehmen wollte, hat sie mit ihm so geschimpft, daß er wieder ging.

Richtig gefallen tut's mir hier in Emmendorf nicht. Es sind hier noch mehr Flüchtlinge. Die Kinder von hier lachen mich aus, weil ich anders spreche. Sie laufen hinter mir her und rufen: „Pollack!" Dabei bin ich doch gar keine Polin. Einmal haben sie sogar mit Steinen geworfen. Wenn ich nicht so schnell rennen könnte, hätten sie mich bestimmt getroffen. In die Schule bin ich noch nicht wieder gegangen. Mit meinen beiden Kusinen Anneliese und Renate verstehe ich mich gut. Sie haben mir sofort was von ihren Spielsachen geschenkt, auch einen Teddy, damit ich wieder was zum Schlafen habe. Aber er ist eben nicht mein Teddybär. Ob er noch da ist? Ich darf gar nicht an ihn denken, dann fange ich gleich an zu heulen. Ich möchte in Emmendorf nicht bleiben. Ich möchte wieder nach Hause.

Aus: Ursula Höntsch-Harendt, Wir Flüchtlingskinder. Leipzig 1985, S. 87-88

Einstellungen der Deutschen (1945)

Auch in den ersten Nachkriegsjahren waren bei den Deutschen traditionelle – etwa antisemitische und fremdenfeindliche – Vorstellungen noch vorherrschend. So wurden besonders Juden und Russen in der Bevölkerung weithin abgelehnt. Der Bericht des amerikanischen Geheimdienstes weist außerdem auf Argumente hin, mit denen viele Deutsche ihre Verantwortung für die Verbrechen der nationalsozialistischen Diktatur leugneten.

Stellungnahme zu den Alliierten. – Am unpopulärsten sind zweifellos die Russen. Auch heute halten 92 Prozent der Befragten die Russen für ein „minderwertiges" Volk. Die Deutschen können und wollen nicht verstehen, daß sie „sogar" von Russen besiegt worden sind. Hier sind starke Revanchegefühle wahrnehmbar. Die meisten Deutschen hatten offenbar gehofft, die Russen würden gezwungen werden, das zerstörte Deutschland aufzubauen. Auf unsere Frage: „Haben Sie angenommen, daß die westlichen Alliierten zusammen mit den Deutschen gegen die Sowjets Krieg führen werden?" antworteten 72 Prozent im bejahenden Sinne (...). An zweiter Stelle stehen wir (die Amerikaner). Es ist erstaunlich, daß man uns allgemein feindlicher gegenübersteht als Franzosen und Engländern. Eine psychologische Auswertung der Meinungsbefragung ergibt, daß das auf zwei Gründe zurückgeht. Erstens: Es heißt allgemein, die Engländer und Franzosen seien zum Krieg „gezwungen" worden, während die Amerikaner freiwillig in den Krieg gegen das Reich eintraten. Man nimmt an, daß sich Franzosen und Engländer so benehmen würden, „wie das nach einem Krieg üblich ist", während man die Amerikaner „verdächtigt", ihre eigenen Lebensformen (Demokratie) dem deutschen Volk aufzwingen zu wollen. Zweitens: Der Gedanke, daß wir einen „jüdischen Krieg" geführt haben, ist nach wie vor vorherrschend. (...) Den Engländern wird eine gewisse „Korrektheit" nachgerühmt. Zu ihrer relativen Beliebtheit trägt es auch bei, daß sie nicht so „reich" sind wie wir: Das Element des Neides entfällt. Am beliebtesten sind die französischen „Erbfeinde", wahrscheinlich, weil man annimmt, mit den Franzosen am leichtesten fertig werden zu können.

Nationalsozialismus. – Es herrscht die Tendenz vor, einzelne Personen, insbesondere Hitler, für alle Greueltaten des Regimes verantwortlich zu machen. (...)

Antisemitismus. – Der latente Antisemitismus äußert sich bei allen Befragungen. Er scheint auch dort ein motivierendes Gefühl zu sein, wo sich der Befragte von allen nationalsozialistischen Sympathien frei wähnt. (...) Viele dieser Befragten äußerten sich überaus ablehnend gegenüber den anti-jüdischen Maßnahmen des Reiches. Dennoch ist ihnen antisemitisches Gedankengut insofern eigen, als sie von der „Macht" des „Weltjudentums" überzeugt sind.

Politik. – Bei mehr als 90 Prozent der Befragten zeigt sich eine politische Müdigkeit. Sie ist wohl in erster Linie darauf zurückzuführen, daß die überwiegende Mehrheit der Deutschen überzeugt ist, Politik werde in Zukunft über die Köpfe der Deutschen hinweg gemacht werden. 73 Prozent der Befragten glauben nicht an eine deutsche Selbstbestimmung innerhalb der nächsten fünfzehn Jahre. Auf die Frage: „Warum wollen Sie nichts von Politik wissen?" antworteten 67 Prozent: „Weil Politik zum Krieg führt." Vielfach wird die Meinung vertreten, daß der wirtschaftliche Neubeginn „ohnedies keinen Sinn" habe.

Aus: Hans Habe, Im Jahre Null. München 1977, S. 82 ff.

Antifaschistische Ausschüsse (1945)

Unmittelbar nach der Besetzung durch die alliierten Truppen – z. T. sogar schon zuvor – bildeten sich in Deutschland in Betrieben und Gemeinden „antifaschistische Ausschüsse", die Nationalsozialisten absetzten, Alltagsprobleme lösten und einen grundlegenden politischen Neubeginn anstrebten. Die Besatzungsmächte verboten die Ausschüsse aber, weil sie befürchteten, daß diese sich ihrer Kontrolle entziehen könnten.

Die Bedingungen, die bei der Entstehung der antifaschistischen Gruppen herrschten, haben ihre Aktivitäten auf unmittelbar drängende örtliche Probleme beschränkt.

Sie befassen sich mit elementaren Problemen eines organisierten Zusammenlebens und nicht mit politischer oder sozialer Planung. Sie sehen sich als Organisationen, die mithelfen müssen, Bedingungen zu schaffen, unter denen politische Betätigung erst möglich wird. (...)

Daraus ergeben sich für die Gruppen zwei Hauptaufgaben: die Entnazifizierung aller Bereiche des deutschen Lebens und die Mobilisierung der Kräfte aller Anti-Nazis zur Lösung der dringenden Probleme des Gemeindelebens. (...)

Zum größten Teil begannen die antifaschistischen Gruppen, unmittelbar nachdem die Herrschaft der Nazis im jeweiligen Gebiet zusammengebrochen und noch bevor die Militärregierung für die genannten Probleme zuständig war, diese Aufgaben zu erfüllen. Das führte in vielen Fällen dazu, daß die Organisationen de facto in der Eigenschaft öffentlicher Verwaltungen handelten. Oft wurden sie in dieser Tätigkeit dadurch unterstützt, daß sie von den amerikanischen Kampfverbänden als Verwaltung eingesetzt wurden. Sie nahmen aktive Nazis in Haft und beschlagnahmten Waffen der Nazis, um sie den Amerikanern zu übergeben. Sie beschlagnahmten und besetzten Gebäude der Nazi-Partei und ihrer Organisationen; sie konfiszierten Lebensmittelvorräte der Wehrmacht sowie öffentliche und zusammengestohlene Nahrungsmittellager und erließen Plünderungsverbote; Nazi-Gegner konnten bevorzugt in evakuierten Häusern bleiben und wurden bei deren Aufteilung begünstigt; ebenso verhielt es sich bei öffentlichen und nicht beanspruchten

Gartenflächen. Sie schickten schriftliche Arbeitsbefehle an Nazis, die sich zu Aufräumarbeiten melden sollten. Trotz allem haben die antifaschistischen Organisationen ihre Anhänger zurückgehalten und nicht aufgewiegelt.

Aus: Ulrich Borsdorf/Lutz Niethammer (Hrsg.), Zwischen Befreiung und Besatzung. Wuppertal 1976, S. 107-116

„Kölner Leitsätze" der CDU

Die CDU wurde 1945 in Berlin und Köln gegründet. Im Juni 1945 legte der Gründerkreis in Köln den „Ruf zur Sammlung des deutschen Volkes" vor.

Vorläufiger Entwurf für ein Programm der Christlichen Demokraten Deutschlands. (...)

1. Die geistige Würde des Menschen wird anerkannt. Der Mensch wird gewertet als selbstverantwortliche Person, nicht als bloßer Teil der Gemeinschaft. (...)

3. Die Gerechtigkeit ist das Fundament des Staates. Der Rechtsstaat wird wiederhergestellt. Die Gerichtsbarkeit ist unabhängig und frei. Ihr einziger Leitstern ist das Gesetz, vor dem alle gleich sind.

4. Jeder Deutsche hat das Recht, seine Meinung in Wort und Schrift im Rahmen der bestehenden Gesetze frei zu äußern. Die Vereins- und Versammlungsfreiheit wird gewährleistet.

5. Alle religiösen Bekenntnisse sind frei in ihrer öffentlichen Betätigung. (...)

11. Das Ziel der Wirtschaft ist die Bedarfsdeckung des Volkes auf der Grundlage einer freien körperlichen Selbstverwaltung. Die Vorherrschaft des Großkapitals, der privaten Monopole und Konzerne wird gebrochen. Privatinitiative und Eigenverantwortlichkeit werden erhalten. Mittel- und Kleinbetriebe werden gefördert und vermehrt.

Aus: H. Pütz (Hrsg.), Konrad Adenauer und die CDU der britischen Zone 1946-1949. Bonn 1975, S. 105-109

Aufruf der KPD

Die Sowjetische Militäradministration in Deutschland (SMAD) hatte in ihrer Besatzungszone bereits am 10. Juni 1945 die Neubildung „antifaschistisch-demokratischer" Parteien und Gewerkschaften erlaubt. Einen Tag später erläuterte die KPD in ihrem Gründungsaufruf die Ziele ihrer Politik.

Die unmittelbarsten und dringendsten Aufgaben auf diesem Wege sind gegenwärtig vor allem:

1. Vollständige Liquidierung der Überreste des Hitlerregimes und der Hitlerpartei.
2. Kampf gegen Hunger, Arbeitslosigkeit und Obdachlosigkeit. (...)
4. Wiederaufrichtung der auf demokratischer Grundlage beruhenden Selbstverwaltungsorgane in den Gemeinden, Kreisen und Bezirken sowie der Provinzial- bzw. Landesverwaltungen und der entsprechenden Landtage.
5. Schutz der Werktätigen gegen Unternehmerwillkür und unbotmäßige Ausbeutung. (...)
6. Enteignung des gesamten Vermögens der Nazibonzen und Kriegsverbrecher. Übergabe dieses Vermögens in die Hände des Volkes zur Verfügung der kommunalen und provinzialen Selbstverwaltungsorgane.
7. Liquidierung des Großgrundbesitzes, der großen Güter der Junker, Grafen und Fürsten und Übergabe ihres ganzen Grund und Bodens sowie des lebenden und toten Inventars an die Provinzial- bzw. Landesverwaltungen zur Zuteilung an die durch den Krieg ruinierten und besitzlos gewordenen Bauern.

Deutsche Volkszeitung v. 13. 6. 1945; in: Hermann Weber (Hrsg.), DDR. Dokumente zur Geschichte der Deutschen Demokratischen Republik 1945-1985. München 1987, S. 32-36

Nachkriegszeit

Der Frankfurter Oberbürgermeister Walter Kolb spricht anlässlich der Grundsteinlegung zum Wiederaufbau der Frankfurter Paulskirche am 18. März 1947. An den Kosten für den Wiederaufbau beteiligten sich die Länder aller Zonen, also auch der sowjetisch besetzten Zone.

Zerstörung und Hoffnungslosigkeit, aber auch Aufbruchsstreben und Dankbarkeit prägten die Stimmung unter den Deutschen 1945. Die Bevölkerung musste in allen Besatzungszonen die Kriegszerstörungen beseitigen, den Neuaufbau in Angriff nehmen und ihr Verhältnis zu den Besatzungsmächten bestimmen. In der „Trümmergesellschaft" kam es zu neuen Auseinandersetzungen zwischen den Menschen und zu Spannungen zwischen der deutschen Bevölkerung und den Besatzungsbehörden. Die Quellen vermitteln einen Einblick in diese Probleme.

- Über den Beginn des Neuaufbaus in Freiburg 1946 berichtet eine Studentin. Dabei wird auch der Stolz auf das Erreichte deutlich.
- Neben dem wirtschaftlichen Neuaufbau vollzog sich in der Nachkriegszeit in allen Besatzungszonen ein bemerkenswerter kultureller Aufbruch. Außer in den Kirchen fand in Theatern und Kinos, in Zeitungen und Hörfunk, in Universitäten, Schulen und Volkshochschulen eine grundlegende Auseinandersetzung mit dem Nationalsozialismus statt, die zunächst von Meinungsvielfalt und Toleranz gekennzeichnet war. Die Rückbesinnung auf das kulturelle Erbe des anderen, „besseren Deutschland“ und die neue Offenheit gegenüber der Kultur anderer Staaten boten vielen Menschen in der Not der Nachkriegszeit Orientierung und Sicherheit, wie der Bericht über den kulturellen Neubeginn in München beispielhaft zeigt.
- Die Not der Deutschen löste Konflikte und Verbrechen aus. Zeitzeugnisse zeichnen die Ursachen von Spannungen in den Familien und die Folgen des Hungers nach.
- Bei der Entnazifizierung mussten sich die Deutschen mit ihrer Vergangenheit auseinandersetzen. Richtungsweisend dafür sollte der Kriegsverbrecherprozess vor dem Internationalen Militärgerichtshof in Nürnberg (20. November 1945 bis 1. Oktober 1946) werden, in dem 12 der insgesamt 22 Angeklagten zum Tode verurteilt wurden. Der Alliierte Kontrollrat, in dem die Besatzungsmächte ihre Politik in Deutschland aufeinander abstimmen sollten, befahl 1946 die Entlassung von Nationalsozialisten aus einflussreichen Positionen im öffentlichen Dienst und in Unternehmen. Die Deutschen lehnten das Entnazifizierungsverfahren, das die Alliierten angeordnet hatten, aber überwiegend ab und führten ihr Verhalten in der nationalsozialistischen Diktatur oft auf Druck und Zwang zurück.
- Auch die Demontagen der Alliierten trafen bei der deutschen Bevölkerung überwiegend auf entschiedenen Widerspruch. In der Sowjetischen Besatzungszone schädigten der Abbau von Industrieanlagen und Entnahmen aus der laufenden Produktion die Wirtschaft so nachhaltig, dass der Wiederaufbau bis in die sechziger Jahre hinein verzögert wurde.

Trümmerfelder

1945/46 waren viele Deutsche dankbar, dass sie den Zweiten Weltkrieg überlebt hatten. Außerdem waren sie entschlossen, Gefahren, Not und Zerstörung zu überwinden. Eine Studentin gab im Juni 1946 ihre Eindrücke und Gedanken bei der Trümmerbeseitigung in Freiburg wieder.

Meinen Arbeitseinsatz habe ich für dieses Semester auch hinter mir: 56 Stunden Bauarbeit. Ich habe Steine geklopft, d. h. von alten Ziegelsteinen den Mörtel entfernt (...). Am Abend des ersten Tages konnte ich meine Hand nicht mehr geradebiegen, weil ich noch nie einen ganzen Tag lang einen Hammer geschwungen hatte, aber zum Schluß gings dann leidlich, und unser Polier stellte fest, daß ich das Backsteinputzen jetzt könne. Es ist der erste Arbeitseinsatz, um den ich mich nicht gedrückt habe. Vielleicht sogar aus Prinzip: denn diese Arbeiten müssen sein, und wer soll sie machen, wenn nicht wir, die wir (egal, wieviel Jahre wir zählen) die Jugend genannt werden. (...) Denen aber, die (...) behaupten: da kommt ja doch nichts dabei heraus, kann ich jetzt aus Erfahrung sagen: Es kommt etwas dabei heraus. Rein praktisch: Die Mauer, die aus den von unserem Trupp geputzten Ziegeln gebaut wurde, haben wir entstehen sehen (...), wir wußten in diesen Tagen: wir bauen auf. Und das ist doch das Entscheidende in der heutigen Zeit: Der Wille zum Aufbau. Wenn man hier die Trümmerfelder sieht, könnte man verzagen. (...) Man denkt nur schaudernd: Hier haben einmal Menschen gewohnt; man sieht auf den Trümmern mitten in der Stadt Grabkreuze, mit Blumen geschmückt; man sieht hinunter in zweistöckige Keller, die glatt durchschlagen wurden. Und dann kommt einem eigentlich erst zum Bewußtsein, welch ungeheuren Dusel man hatte (...). Und von da ist es eigentlich nur ein Schritt bis zu der Erkenntnis, daß diese Tatsache auch eine Verpflichtung bedeutet.

Badener Tageblatt v. 29. 6. 1946;
in: Christoph Kleßmann/Georg Wagner (Hrsg.),
Das gespaltene Land. Leben in Deutschland 1945-1990.
München 1993, S. 118

Theaterleben

Am 18. Oktober erschien in der Münchener „Neuen Zeitung", die von zurückgekehrten Emigranten gegründet worden war und von der amerikanischen Besatzungsmacht kontrolliert wurde, ein Bericht des Schriftstellers Erich Kästner (1899-1974) über neue Aufführungen an Münchner Theatern. Dabei stellte Kästner, der für das Feuilleton dieser Zeitung verantwortlich war und dem Münchener Kabarett „Schaubühne" angehörte, auch die Antriebskräfte heraus, die die beteiligten Künstler motivierten.

„Was sind Hoffnungen, was sind Entwürfe?" Die Zahl und Reichhaltigkeit der Pläne überbietet auch in München das bereits Vorhandene oder fast Greifbare bei weitem. Denn nur zwei Theater sind bespielbar. Erich Engel, der neue Intendant der Kammerspiele, hat soeben mit „Macbeth" eröffnet. (Eine Besprechung der Aufführung folgt in der nächsten Nummer der „Neuen Zeitung". Die Redaktion.) Paul Ravuals „Grabmal des unbekannten Soldaten" und Thornten Wilders „Our Town" sollen folgen und werden intensiv probiert. (...)

Kein Hindernis ist hoch und kein Abenteuer verzwickt genug, den edlen Eifer zu dämpfen. Mögen die privaten Sorgen getrost dazukommen! Wohnungssuche, Zuzugsgenehmigung, keine Möbel, das letzte Paar Schuhe, keine Nachricht von den Angehörigen, keine eigene Bibliothek, gepumpte Oberhemden am Leib – alles tritt schattenhaft zurück hinter das, was nun, nach zwölf Jahren geistiger Fesselung und Bedrohung, endlich wieder winkt: die Freiheit der Meinung und der Kunst! („Amen, das ist, es möge also geschehen", steht bei Luther.) (…)

Zu der echten, schönen Begeisterung gesellt sich freilich eine andere Triebfeder: der eiserne Vorsatz, nicht zu denen gehören zu wollen, die unter die Räder kommen werden. Die interne deutsche Völkerwanderung der letzten Jahre und das Durcheinander der letzten Kriegsmonate haben es mit sich gebracht, daß, um ein Beispiel zu nennen, zur Zeit in und um München nicht weniger als zweitausendfünfhundert Schauspieler darauf warten, wieder theaterspielen zu können! Filmen wollen sie selbstverständlich auch –

Szenenfoto aus dem Film „Die Mörder sind unter uns" (Deutschland 1946, Regie: Wolfgang Staudte, Hauptrolle: Hildegard Knef). Dieser erste deutsche Nachkriegsfilm ist eine Abrechnung und Auseinandersetzung mit der NS-Vergangenheit. Er spielt in der Trümmerlandschaft Berlins und erzählt die Geschichte eines erfolgreichen Fabrikanten der Nachkriegszeit, der während des Krieges zum Kriegsverbrecher geworden war.

aber das ist, angesichts der Zerstückelung Deutschlands, ein Kapitel für sich, und beileibe kein besonders lustiges Kapitel! (…)

München, das seine vorbildliche Eignung, ein bedeutendes deutsches Kulturzentrum zu werden, historisch wiederholt glänzend bewiesen hat, hat jetzt eine unvergleichliche Chance, sich erneut zu solch einem Mittelpunkt entwickeln zu können. Viele der besten deutschen Regisseure, Schauspieler, Dirigenten, Opernkomponisten und Autoren hat der Krieg aus anderen Gauen, aus Berlin und aus den Kriegsgefangenenlagern des Südens und Westens an den Strand der grünen Isar gespült. Münchens Chance ist einmalig, und es scheint sie entschlossen wahrnehmen zu wollen!

Aus: Alexander von Plato/Almut Leh, „Ein unglaublicher Frühling". Erfahrene Geschichte im Nachkriegsdeutschland 1945 -1948. Bonn 1997, S. 326f.

Hunger der Nachkriegsjahre und seine Folgen

In den ersten Jahren nach dem Kriegsende litten viele Deutsche großen Hunger. Immer wieder kam es deshalb zu kleineren, manchmal sogar zu schweren Verbrechen, wie der Bericht über eine Schwurgerichtsverhandlung 1947 belegt.

Der 43jährige Kohlenarbeiter Erich Kramer erschlug am 5. März 1947 seinen gleichaltrigen Freund und Arbeitskameraden Paul Möller. Das Schwurgericht verurteilte ihn zu zwölf Jahren Zuchthaus und zehn Jahren Ehrverlust. Mit seinen 47 kg Körpergewicht bei einer Größe von 1, 70 m ist dieser Angeklagte eine menschliche Ruine. Er nimmt das Urteil ebenso unbeeindruckt hin, wie er den Antrag des Staatsanwalts auf Todesstrafe gehört hatte. In seinem dünnen Lazarettkittel vor Kälte zitternd, macht er vor den Geschworenen seine Aussage. Unerschöpflich ist die Geduld des Vorsitzenden, und alles scheinbar Widersinnige im Ablauf des Verbrechens wird entwirrt und erklärt durch das einzige Wort: Hunger! „Ich hatte Hunger, da ist alles so gekommen", sagte der Angeklagte. Seit Tagen hatte er nichts als einige Scheiben trockenen Brotes zu essen. Möller hatte seine Lebensmittelkarten bei sich, er hatte auch noch Vesperbrot im Rucksack! Sie standen im Keller bei ihrer Arbeitsstelle, Möller, mit Kohlenpacken beschäftigt, bückte sich, da erschlug ihn

Leben aus dem Blechnapf

Kramer von hinten mit einer schnell ergriffenen Eisenstange. Mit beiden blutbesudelten Händen riß er das Brot aus dem Rucksack und verschlang es. Dann nahm er dem Toten die Brieftasche ab, schleifte ihn in einen Nebenkeller, verschloß die Tür und warf die Schlüssel fort. Im nächsten Restaurant verzehrte er, was er auf die Marken bekommen konnte, und hielt sich auch am folgenden Tag nur in Eßlokalen auf. Schon am Abend erfolgte seine Verhaftung.

Telegraf v. 3. 12. 1947; in: Christoph Kleßmann, Die doppelte Staatsgründung. Deutsche Geschichte 1945-1955. 5. Auflage, Göttingen 1991, S. 370 -371

Die Alliierten und die Entnazifizierung

In seiner Direktive Nr. 24 befahl der Alliierte Kontrollrat am 12. Januar 1946 die „Entfernung von Nationalsozialisten und Personen, die den Bestrebungen der Alliierten gegenüberstehen, aus Ämtern und verantwortlichen Stellungen". Die Festlegung des betroffenen Personenkreises erwies sich aber als schwierig, und Fachleute waren nur schwer zu ersetzen.

1. Zweck und Ziel

Die Dreimächte-Konferenz in Berlin stellte als Ziel der Besetzung Deutschlands unter anderem fest: Die Entfernung aller Mitglieder der Nationalsozialistischen Partei, die ihr aktiv und nicht nur nominell angehört haben, und aller derjenigen Personen, die den Bestrebungen der Alliierten feindlich gegenüberstehen, aus öffentlichen und halböffentlichen Ämtern und aus verantwortlichen Stellungen in bedeutenden privaten Unternehmen. Diese sind durch solche Personen zu ersetzen, die nach ihrer politischen und moralischen Einstellung für fähig erachtet werden, die Entwicklung wahrer demokratischer Einrichtungen in Deutschland zu fördern.

2. Begriffsbestimmungen

a) Als Personen, die der Partei „aktiv und nicht nur nominell angehört haben" und solche, „die den Bestrebungen der Alliierten feindlich gegenüberstehen", sind anzusehen:

I. Personen, die als Amtsträger oder in anderer Weise in der Partei, von den Orts- bis hinauf zu den Reichsstellen, oder in einer der ihr angeschlossenen oder in solchen Organisationen, die militärische Lehren fördern, aktiv tätig waren;

II. Personen, die nationalsozialistische Verbrechen, Rasseverfolgungen oder ungleichmäßige und ungerechte Behandlung gutgeheißen oder an solchen Taten willig teilgenommen haben;

III. Personen, die offen erklärte Anhänger des Nationalsozialismus oder militaristischer oder Rassenlehren waren, oder

IV. Personen, welche freiwillig der NSDAP, deren Führern oder Hoheitsträgern wesentlichen moralischen oder materiellen oder politischen Beistand irgendeiner Art geleistet habe. (…)

13. Richtlinien für die Ausübung des Ermessens bei Entfernung und Ausschluß von Einzelpersonen

Bei der Nachprüfung all dieser Fälle ist von den grundsätzlichen Fragen auszugehen, ob eine Person im Sinne der in Artikel 2 dieser Direktive gegebenen Begriffsbestimmung mehr als nur nominell der Nationalsozialistischen Partei angehört hat oder nicht. In Zweifelsfällen sollen Leute nicht eingestellt oder in Beschäftigung behalten werden, falls andere, politisch zuverlässigere, wenn auch sachlich weniger geeignete Personen zur Verfügung stehen.

Aus: Herbert Michaelis/ Ernst Schraepler (Hrsg.), Ursachen und Folgen. Vom deutschen Zusammenbruch 1918 und 1945 bis zur staatlichen Neuordnung Deutschlands in der Gegenwart, Bd. 23. Berlin o. J., S. 352-355, 360

Das einzige Weihnachtsgeschenk (aus: Der Ruf, Nr. 9/1946)

Demontagen

Die UdSSR hatte durch den Überfall der deutschen Wehrmacht im Zweiten Weltkrieg hohe Verluste erlitten. In der Sowjetischen Besatzungszone wurden deshalb nach 1945 Industrieanlagen radikal abgebaut und Güter beschlagnahmt, um sie anschließend in die UdSSR zu bringen. Dabei traten beträchtliche Schäden auf. Ein Buch, das 1953 in der Bundesrepublik veröffentlicht wurde, stellt die einschneidenden Demontagen in der Sowjetischen Besatzungszone dar.

Im Anfangsstadium wurden viele Demontagen Hals über Kopf, ja geradezu sinnlos vorgenommen. Außer den Fabriken wurden auch öffentliche Einrichtungen wie Telefonämter, Materiallager der Post, Eisenbahnwerkstätten, Transporteinrichtungen und Kabelleitungen, ja auch Universitätslaboratorien, wie die in Rostock, abgebaut. Zunächst waren ausschließlich ungelernte Kräfte der Roten Armee mit den Abbauarbeiten beschäftigt. Dadurch wurde der Wert der Anlagen natürlich beträchtlich gemindert. Der plötzliche Riesenanfall von Reparationsmaterial führte auch sehr rasch zu ernstlichen Transportschwierigkeiten. Nicht einmal die Eisenbahnen waren auf ihre für diese Aufgabe verfügbare Kapazität überprüft worden. (...)Werke mit modernen Anlagen und neuesten Fabrikationsmethoden standen auf den Demontagelisten überall an erster Stelle. Fernerhin wurde alles demontiert, was für die Weiterentwicklung und den Wiederaufbau der russischen Industrie schlechthin nützlich war. Wie sich noch zeigen wird, war es ursprünglich die Absicht der Russen, ein Maximum an Investitionsgütern aus ihrer Zone zu demontieren und diesem Grundsatz alle anderen, insbesondere späteren Möglichkeiten für Reparationsentnahmen unterzuordnen. Jener Grundsatz war Anfang 1946 allein herrschend; er wich erst langsam einer steigenden Entnahme aus der laufenden Produktion und deren Export auf russisches Konto.

J. Peter Nettl, Die deutsche Sowjetzone bis heute.
Frankfurt/M. 1953, S. 184-185, 189

Aus: Putzger. Historischer Weltatlas. Berlin 1997, S. 118-119

Staatsgründungen

Nachdem 1947 der Kalte Krieg zwischen den Westmächten und der UdSSR ausgebrochen war, wuchsen die politischen Gegensätze zwischen West- und Ostdeutschland. 1948 bereiteten deutsche Politiker und die Besatzungsmächte die Bildung von zwei getrennten deutschen Staaten vor. Am 23. Mai 1949 wurde schließlich das Grundgesetz für die Bundesrepublik Deutschland verkündet und am

14. August der erste Deutsche Bundestag gewählt. Mit der Gründung der DDR am 7. Oktober 1949 waren zwei deutsche Staaten entstanden, deren Politik und Gesellschaften sich zusehends auseinanderentwickelten.

- Die Sozialistische Einheitspartei Deutschlands (SED) errichtete in Ostdeutschland in den späten vierziger Jahren eine Diktatur, lehnte sich eng an die Sowjetunion an und verschärfte ihre Politik gegenüber den westlichen Staaten.
- In Westdeutschland ging die Staatsgründung im Juli 1948 von den „Frankfurter Dokumenten" aus. Diese ermächtigten die Ministerpräsidenten der westdeutschen Länderregierungen, den Parlamentarischen Rat einzuberufen. Diese Versammlung, die sich aus Abgeordneten der Landtage zusammensetzte, nahm am 1. September 1948 seine Beratungen über eine neue Verfassung auf und bestätigte das ausgearbeitete Grundgesetz am 8. Mai 1949. In der Sowjetischen Besatzungszone war schon im März 1948 der „Deutsche Volksrat" einberufen worden, der am 11. März 1949 den Verfassungsentwurf für eine „Deutsche Demokratische Republik" billigte.
- Ihre Hoheitsrechte erhielten die neue Bundesregierung, die von Bundeskanzler Konrad Adenauer (1876-1967, CDU) gebildet wurde, und die Regierung der DDR unter Ministerpräsident Otto Grotewohl (1894-1964, SED) von den alliierten Besatzungsmächten. Die Bundesregierung schloss am 22. November 1949 mit den drei Westmächten das „Petersberg-Abkommen", nachdem die Sowjetunion den deutschen Behörden in Ostdeutschland schon am 11. November Verwaltungsfunktionen übergeben hatte. Die Dokumente weisen besonders die Übertragung der auswärtigen Beziehungen an die jeweiligen deutschen Regierungen aus.
- In den frühen fünfziger Jahren festigte sich die Trennung der beiden deutschen Staaten. Im Frühjahr 1952 schlug die Sowjetunion den Westmächten in zwei diplomatischen Botschaften („Stalin-Noten") Schritte zur Bildung einer gesamtdeutschen Regierung vor. Die Regierungen der Vereinigten Staaten, Großbritanniens und Frankreichs verlangten aber, zunächst in ganz Deutschland freie Wahlen abzuhalten. Sie lehnten auch die sowjetische Forderung nach einer Neutralität Deutschlands ab.

„Frankfurter Dokumente"

Der Kalte Krieg, der mit dem Beginn der Blockade Berlins am 18. Juni 1948 einen ersten Höhepunkt erreichte, förderte die Gründung eines westdeutschen Teilstaates. Die Militärgouverneure der USA, Großbritanniens und Frankreichs ordneten deshalb am 1. Juli 1948 an, eine Verfassung für Westdeutschland auszuarbeiten. Dazu wurde der Parlamentarische Rat als verfassunggebende Versammlung einberufen.

Dokument I (Verfassunggebende Versammlung)

In Übereinstimmung mit den Beschlüssen ihrer Regierungen autorisieren die Militärgouverneure der amerikanischen, britischen und französischen Besatzungszone in Deutschland die Ministerpräsidenten der Länder ihrer Zonen, eine verfassunggebende Versammlung einzuberufen, die spätestens am 1. September 1948 zusammentreten sollte.

(Einheit und Föderalismus)

Die Verfassunggebende Versammlung wird eine demokratische Verfassung ausarbeiten, die für die beteiligten Länder eine Regierungsform des föderalistischen Typs schafft, die am besten geeignet ist, die gegenwärtig zerrissene deutsche Einheit schließlich wieder herzustellen (…), eine angemessene Zentralinstanz schafft und Garantien der individuellen Rechte und Freiheiten enthält. (…)

Dokument III (Besatzungsstatut)

A. Die Militärgouverneure werden den deutschen Regierungen Befugnisse der Gesetzgebung, der Verwaltung und der Rechtsprechung gewähren und sich solche Zuständigkeiten vorbehalten, die nötig sind, um die Erfüllung des grundsätzlichen Zwecks der Besatzung sicherzustellen. (…)

B. Die Militärgouverneure werden die Ausübung ihrer vollen Machtbefugnisse wieder aufnehmen, falls ein Notstand die Sicherheit bedroht, und um nötigenfalls die Beachtung der Verfassungen und des Besatzungsstatutes zu sichern.

Aus: Johannes V. Wagner, Deutschland nach dem Krieg.
Kapitulation, Neubeginn, Teilung.
Bochum 1975, S. 30 ff.

Debatte um das Grundgesetz

Der Parlamentarische Rat nahm das Grundgesetz am 8. Mai 1949 an. Die neue Verfassung war aber nicht unumstritten. So lehnte der bayerische Landtag das Grundgesetz nach einer turbulenten Debatte ab. Ein Pressebericht, der im Mai 1979 veröffentlicht wurde, zeichnet die Auseinandersetzungen im Landtag nach.

Die CSU wollte vor allem eine Gleichberechtigung von Bundestag und Bundesrat bei einer Reihe von Gesetzgebungsakten, eine „klare Sicherung der Konkordate und Verträge mit den evangelischen Kirchen", damit nicht „eines Tages kulturkämpferische Neigungen mit Hilfe ungeklärter Verfassungsparagraphen" entfacht werden könnten. Die Hauptgefahr, so (der bayerische Ministerpräsident) Ehard, liege in den durch das Grundgesetz offengelassenen Möglichkeiten, „einer zentralistischen Handhabung Tür und Tor zu öffnen". Dies sei auch bei der Weimarer Verfassung schon so gewesen und habe den Nationalsozialismus begünstigt.

Die Erfahrungen aus dieser Zeit reklamierten freilich auch SPD und FDP für ihre Argumentation. Der Sozialdemokrat Waldemar von Knoeringen hielt Ehard und seinen Parteifreunden entgegen, nicht die Weimarer Verfassung, die „freien Geist" geatmet habe, sei

Unterzeichnung des Grundgesetzes für die Bundesrepublik Deutschland durch den Parlamentarischen Rat am 8. Mai 1949

Wegbereiter des Nationalsozialismus gewesen, „sondern die Mißachtung dieser Verfassung und die mangelnde Bereitschaft der deutschen Rechten und des bayerischen Föderalismus, die großen Gedanken dieser Verfassung von Weimar in der praktischen Politik und im Leben zu verwirklichen und für ihre Reinhaltung zu kämpfen". (...)

Die FDP (...) warf durch Thomas Dehler der CSU vor, „nur das Negative, den Zweifel, das Mißtrauen hervorzukehren und die Augen vor dem Positiven, Gesunden, Richtigen des Grundgesetzes" zu verschließen. Der Kampf gegen das Reich (...) sei gleichzeitig der Kampf gegen die Demokratie gewesen.

Süddeutsche Zeitung v. 19./20. 5. 1979, S. 21; in: Jürgen Weber (Hrsg.), Geschichte der Bundesrepublik Deutschland. Bd. 3. Paderborn 1982, S. 93-95

Der deutsche Volksrat

Der „Deutsche Volksrat", dessen Beratungen von der SED kontrolliert wurden, wandte sich auf seiner 5. Tagung am 22. Oktober 1948 gegen die Vorbereitung einer Verfassung für einen westdeutschen Teilstaat und legte einen Gegenentwurf vor. Damit beanspruchte der „Volksrat", die Interessen der Bevölkerung in ganz Deutschland zu vertreten.

Der Deutsche Volksrat ist die einzige legitime Repräsentation des deutschen Volkes. Er fordert hiermit die Verwirklichung des Rechtsanspruchs des deutschen Volkes auf die Gestaltung seines staatlichen und gesellschaftlichen Lebens, die Schaffung einer freien, demokratischen deutschen Republik und den Abschluß eines Friedensvertrages. Er hat die konkreten Maßnahmen zur Beschreitung dieses Weges unternommen, legt hiermit dem deutschen Volk den Entwurf einer Verfassung für die Deutsche Demokratische Republik vor und stellt ihn zur freien Diskussion. (...)

Im Gegensatz zu dieser Ausübung des Selbstbestimmungsrechtes des deutschen Volkes zeigen die Verhandlungen des sogenannten Parlamentarischen Rates in Bonn, daß hier nicht nur die Einheit der deutschen Nation, sondern auch die Demokratie preisgegeben werden.

Die Deutsche Demokratische Republik auf dem Weg zum Sozialismus, Teil I, S. 351-352; in: Rolf Steininger, Deutsche Geschichte 1945-1961, Bd. 2. Frankfurt/M. 1992, S. 351-352

Konrad Adenauer (rechts) stattet den drei alliierten Hochkommissaren am 21. September 1949 im Hotel Petersberg seinen Antrittsbesuch ab. Während die Hochkommissare auf dem großen Teppich standen, war Adenauer und seinem Kabinett vom Protokoll ein Platz außerhalb des Teppichs zugewiesen worden. Doch Adenauer betrat den Teppich, um sein Antwortrede zu halten. Eine diplomatische Geste, die von den Anwesenden verstanden wurde.

Petersberg-Abkommen

Im „Petersberg-Abkommen" stellten die westlichen Besatzungsmächte Bundeskanzler Adenauer am 22. November 1949 eine Beendigung der Reparationen in Aussicht und erweiterten dadurch den außenpolitischen Handlungsspielraum der Bundesregierung. Die Alliierten behielten sich aber Eingriffsmöglichkeiten vor.

Zunächst ist es ihr (der westlichen Besatzungsmächte) vordringlichstes Ziel, die Bundesrepublik als friedliebendes Mitglied in die europäische Gemeinschaft einzugliedern.

Im einzelnen wurde Übereinstimmung in folgenden Punkten erzielt:

I. Die Hohe Kommission* und die Bundesregierung sind übereingekommen, die Teilnahme Deutschlands an allen den internationalen Organisationen herbeizuführen, in denen deutsche Sachkenntnis und Mitarbeit zum allgemeinen Wohl beitragen können. (...)

III. Die Bundesregierung erklärt ferner ihre feste Entschlossenheit, die Entmilitarisierung des Bundesgebiets aufrechtzuerhalten und mit allen ihr zur Verfügung stehenden Mitteln die Neubildung irgendwelcher Streitkräfte zu verhindern. (...)

V. Die Bundesregierung, die aus freien demokratischen Wahlen hervorgegangen ist, bekräftigt ihren Entschluß, den Grundsätzen der Freiheit, Toleranz und Menschlichkeit, die die westeuropäischen Nationen verbinden, rückhaltlos Achtung zu verschaffen und sich in ihrem Handeln von diesen Grundsätzen leiten zu lassen. Die Bundesregierung ist fest entschlossen, alle Spuren der nationalsozialistischen Gewaltherrschaft aus dem deutschen Leben und seinen Einrichtungen auszutilgen und das Wiederaufleben totalitärer Bestrebungen welcher Art auch immer zu verhindern. Sie wird bemüht sein, den Aufbau der Regierung freiheitlich zu gestalten und autoritäre Methoden auszuschalten (...).

gez. K. Adenauer
gez. B. H.Robertson
gez. A. François-Poncet
gez. J. J. McCloy.

Aus: Ingo von Münch (Hrsg.), Dokumente des geteilten Deutschland. Quellentexte zur Rechtslage des Deutschen Reiches, der BRD und der DDR. 2. Auflage, Stuttgart 1976, S. 226-227, 229

---

* Die Hohe Alliierte Kommission löste 1949 die westlichen Militärgouverneure ab. Sie bestand aus je einem Vertreter der Besatzungsmächte USA, Vereinigtes Königreich und Frankreich und hatte bis Mai 1955 die oberste Regierungsgewalt in der Bundesrepublik Deutschland inne.

DDR erhält volle Regierungsgewalt

Nachdem am 7. Oktober 1949 die DDR offiziell gegründet worden war, löste die UdSSR ihre Militäradministration in Deutschland auf und überführte sie in die Sowjetische Kontrollkommission (SKK). Am 11. November 1949 übertrug der Vorsitzende der SKK, General Wassili I. Tschuikow (1900-1982), der neuen Regierung der DDR außerdem Verwaltungsaufgaben.

Im Auftrage der Sowjetregierung habe ich am 10. Oktober das Präsidium der Provisorischen Volkskammer und den Ministerpräsidenten, Herrn Otto Grotewohl, von dem Beschluß der Sowjetregierung in Kenntnis gesetzt, der Provisorischen Regierung der Deutschen Demokratischen Republik die Verwaltungsfunktionen zu übertragen, die bis dahin der Sowjetischen Militärverwaltung zustanden, und an Stelle der Sowjetischen Militärverwaltung in Deutschland die Sowjetische Kontrollkommission zu bilden.

In Übereinstimmung mit (...) der Sowjetregierung ist jetzt die Sowjetische Kontrollkommission in Deutschland gebildet worden. Die Sowjetische Militärverwaltung und ihre Verwaltungen in Berlin und in den Ländern stellen ihre Tätigkeit ein. Ihre Funktionen gehen an die entsprechenden Ministerien und deutschen Staatsorgane über.

Die Aufgabe der Sowjetischen Kontrollkommission besteht in der Kontrolle der Durchführung der Potsdamer Beschlüsse und der anderen von den vier Mächten gemeinsam getroffenen Entscheidungen über Deutschland. Dies bedeutet, daß die Provisorische Regierung der Deutschen Demokratischen Republik ihre Tätigkeit auf Grund der Verfassung der Deutschen Demokratischen Republik in Freiheit ausüben kann, soweit diese Tätigkeit nicht den Potsdamer Beschlüssen und den Verpflichtungen zuwiderläuft, die sich aus den gemeinsamen Beschlüssen der vier Mächte ergeben. (...) Natürlicherweise behält sich die Sowjetische Kontrollkommission die Funktion vor, darauf zu achten, daß keinerlei Maßnahmen getroffen werden, die den Beschlüssen der vier Mächte bezüglich der Demilitarisierung und Demokratisierung sowie der Wiedergutmachungsverpflichtungen Deutschlands widersprechen, ferner das Recht, von den deutschen Regierungsorganen die notwendigen Informationen einzuholen.

Aus: Ingo von Münch (Hrsg.), Dokumente des geteilten Deutschland. Quellentexte zur Rechtslage des Deutschen Reiches, der Bundesrepublik Deutschland und der Deutschen Demokratischen Republik. 2. Auflage, Stuttgart 1976, S. 325-326

Die „Stalin-Note" vom März 1952

In einer diplomatischen Note – nach dem Staats- und Parteichef Josef W. Stalin „Stalin-Note" genannt – bot die Sowjetunion den Westmächten am 10. März 1952 die Wiedervereinigung Deutschlands an, das allerdings neutral werden sollte. Außerdem trat die UdSSR für einen Friedensvertrag mit Deutschland ein. Die Westmächte verlangten in ihrer Antwort am 25. März zunächst gesamtdeutsche Wahlen. In ihrer zweiten Note vom 9. April 1952 erneuerte die Sowjetunion daraufhin ihr Angebot, mit dem vor allem die Aufnahme Westdeutschlands in die vorbereitete Europäische Verteidigungsgemeinschaft (EVG) verhindert werden sollte.

In ihrer Note vom 10. März hat die Sowjetregierung der Regierung der Vereinigten Staaten sowie den Regierungen Großbritanniens und Frankreichs vorgeschlagen, unverzüglich die Frage eines Friedensvertrages mit Deutschland zu erörtern, um in unmittelbarer Zukunft einen vereinbarten Entwurf für einen Friedensvertrag vorzubereiten. Zur Erleichterung der Vorbereitung des Friedensvertrages hat die Sowjetregierung einen Entwurf der Grundlagen des Friedensvertrages mit Deutschland unterbreitet und ihr Einverständnis erklärt, auch beliebige andere Vorschläge zu erörtern.

Die Sowjetregierung hat dabei den Vorschlag gemacht, daß der Friedensvertrag unter unmittelbarer Beteiligung Deutschlands, vertreten durch eine gesamtdeutsche Regierung, ausgearbeitet werden soll. In der Note vom 10. März wurde weiterhin vorgesehen, daß die Sowjetunion, die Vereinigten Staaten, Großbritannien und Frankreich, die Besatzungsfunktionen in Deutschland ausüben, die Frage der Voraussetzungen für die möglichst baldige Bildung einer gesamtdeutschen, dem Willen des deutschen Volkes Ausdruck verleihenden Regierung prüfen sollen. (...)

In Übereinstimmung hiermit erachtet es die Sowjetregierung für notwendig, daß die Regierungen der Sowjetunion, der Vereinigten Staaten, Großbritanniens und Frankreichs ohne Verzug die Frage der Durchführung freier gesamtdeutscher Wahlen erörtern, wie sie dies bereits früher vorgeschlagen hat. (...)

Was den Vorschlag betrifft, daß eine Kommission der Vereinten Nationen im Zusammenhang mit bevorstehenden freien gesamtdeutschen Wahlen prüfen soll, ob die Voraussetzungen für solche Wahlen gegeben sind, so steht dieser Vorschlag im Widerspruch zur Charta der Vereinten Nationen, die gemäß Artikel 107 eine Einmischung der Vereinten Nationen in deutsche Angelegenheiten ausschließt. Eine solche Prüfung könnte durch eine Kommission vorgenommen werden, die von den vier in Deutschland Besatzungsfunktionen ausübenden Mächten zu bilden wäre. (...) Im sowjetischen Entwurf der Grundlagen eines Friedensvertrages mit Deutschland heißt es: „Deutschland verpflichtet sich, keinerlei Koalitionen oder Militärbündnisse einzugehen, die sich gegen irgendeinen Staat richten, der mit seinen Streitkräften am Kriege gegen Deutschland teilgenommen hat." (...)

Die Sowjetregierung schlägt der Regierung der Vereinigten Staaten erneut vor, gemeinsam mit den Regierungen Großbritanniens und Frankreichs die Erörterung eines Friedensvertrages mit Deutschland sowie der Frage der Vereinigung Deutschlands und der Bildung einer gesamtdeutschen Regierung aufzunehmen.

Europa-Archiv, 1052, I, S. 4866-4867

Kalter Krieg und deutsche Teilung

Berlin-Blockade: Ein „Rosinenbomber" beim Landeanflug auf den Flughafen Berlin-Tempelhof, 1948

In den fünfziger Jahren erreichte der Kalte Krieg zwischen den Westmächten und der Sowjetunion seinen Höhepunkt. Die Bundesrepublik und die DDR wurden in die militärischen Bündnissysteme eingegliedert. Das Thema Deutschland blieb aber auf der Tagesordnung der Weltpolitik, wie besonders die Konferenzen der vier Mächte in Genf (27. Oktober bis 6. November 1955 und 11. Mai bis 5. August 1959) zeigten. Jedoch wurde keine Übereinstimmung über Vorschläge zur Wiedervereinigung des geteilten Landes erzielt. Die Quellen beleuchten das Verhältnis zwischen den Eigeninteressen der beiden deutschen Staaten und den fortbestehenden nationalen Bindungen. Darüber hinaus tritt die Abhängigkeit Deutschlands von der internationalen Politik hervor.

- Nur vier Tage nach der Währungsreform in den drei westlichen Besatzungszonen am 20. Juni 1948 und der Einführung der westdeutschen DM in West-Berlin riegelte die sowjetische Militärverwaltung die Stadt von Westdeutschland ab. Die amerikanische Militärregierung entschied daraufhin, West-Berlin mit Flugzeugen zu versorgen. Über die „Luftbrücke“, der sich Großbritannien anschloss, wurden über zwei Millionen Einwohner versorgt, bis die UdSSR die erfolglose Blockade West-Berlins am 12. Mai 1949 schließlich aufhob.
- Im „Deutschlandvertrag“, den sie am 26. Mai 1952 mit der Bundesrepublik abschlossen, erklärten die drei Besatzungsmächte die Aufhebung der Besatzungsherrschaft. Der westdeutsche Staat wurde damit souverän, aber unter Vorbehalten. Die westdeutsche Regierung gewann im Oktober 1954 schließlich die erweiterte Selbstbestimmung, als sie eingeladen wurde, der NATO beizutreten. Die Sowjetunion hatte der DDR am 25. März 1954 offiziell die Souveränität gewährt. Jedoch behielt sie sich wichtige Rechte vor, und auch in Westdeutschland nahmen die Regierungen der Vereinigten Staaten, Großbritanniens und Frankreichs weiterhin die gesamtdeutsche Verantwortung wahr, die 1945 zwischen den alliierten Mächten festgelegt worden war. Als am 14. Mai 1955 der Warschauer Pakt gegründet wurde, trat die DDR diesem militärischen Bündnis der osteuropäischen Staaten sofort bei.
- Das Ziel der Wiedervereinigung vertrat sowohl die Bundesregierung unter Kanzler Adenauer als auch die SED-Führung, die ihre Herrschaft in der DDR in den frühen fünfziger Jahren gefestigt hatte. Die Bundesrepublik übte in den fünfziger Jahren aber eine starke Anziehungskraft auf die Ostdeutschen aus, wie die Flüchtlingsbewegung aus der DDR zeigt.
- Eine Annäherung der beiden deutschen Staaten schien in den späten fünfziger Jahren möglich. Der sowjetische Staats- und Parteichef Nikita S. Chruschtschow (1894-1971) trat schon am 26. Juli 1955 in einer Rede für eine Festigung der Beziehungen zwischen der DDR und Bundesrepublik ein. Die SED schlug daraufhin in ihrem „Deutschlandplan des Volkes“ 1960 sogar eine Konföderation zwischen den beiden deutschen Staaten vor.

Deutschlandvertrag, 26. Mai 1952

In dem „Vertrag über die Beziehungen zwischen der Bundesrepublik Deutschland und den Drei Mächten" hoben die Regierungen der Vereinigten Staaten, Großbritanniens und Frankreichs am 26. Mai 1952 ihre Besatzungsherrschaft in Deutschland auf und ordneten die Beseitigung der damit verbundenen Verwaltungsstellen an. Den „Deutschlandvertrag", der auch als „Generalvertrag" bezeichnet wird, unterzeichneten Bundeskanzler Konrad Adenauer und die Außenminister Anthony Eden, Dean Acheson und Robert Schuman. Nur einen Tag später schlossen die Außenminister der drei Westmächte sowie der Niederlande, Belgiens und Luxemburgs den Vertrag über die Europäische Verteidigungsgemeinschaft (EVG) ab. Am 30. August 1954 lehnte die französische Nationalversammlung diesen Vertrag jedoch ab. Auf einer Konferenz, die vom 28. September bis zum 3. Oktober 1954 in London stattfand, und in den „Pariser Verträgen" (19.-23. Oktober 1954) wurde die Bundesrepublik daraufhin eingeladen, der NATO (North Atlantic Treaty Organization) beizutreten. Am 5. Mai 1955 nahm die NATO schließlich den westdeutschen Staat als gleichberechtigtes Mitglied auf.

Die Bundesrepublik Deutschland, die Vereinigten Staaten von Amerika, das Vereinigte Königreich von Großbritannien und Nordirland und die Französische Republik haben zur Festlegung der Grundlagen ihres neuen Verhältnisses den folgenden Vertrag geschlossen:

Art. 1. (1) Mit dem Inkrafttreten dieses Vertrages werden die Vereinigten Staaten von Amerika, das Vereinigte Königreich von Großbritannien und Nordirland und die Französische Republik (in diesem Vertrag und in den Zusatzverträgen auch als „Drei Mächte" bezeichnet) das Besatzungsregime in der Bundesrepublik beenden, das Besatzungsstatut aufheben und die Alliierte Hohe Kommission sowie die Dienststellen der Landeskommissare in der Bundesrepublik auflösen.

(2) Die Bundesrepublik wird demgemäß die volle Macht eines souveränen Staates über ihre inneren und äußeren Angelegenheiten haben.

Art. 2. Im Hinblick auf die internationale Lage, die bisher die

Wiedervereinigung Deutschlands und den Abschluß eines Friedensvertrages verhindert hat, behalten die Drei Mächte die bisher von ihnen ausgeübten oder innegehabten Rechte und Verantwortlichkeiten in bezug auf Berlin und auf Deutschland als Ganzes einschließlich der Wiedervereinigung Deutschlands und einer friedensvertraglichen Regelung. Die von den Drei Mächten beibehaltenen Rechte und Verantwortlichkeiten in bezug auf die Stationierung von Streitkräften in Deutschland und der Schutz der Sicherheit dieser Streitkräfte bestimmen sich nach den Artikeln 4 und 5 dieses Vertrages. (...)

(2) Bis zum Abschluß der friedensvertraglichen Regelung werden die Unterzeichnerstaaten zusammenwirken, um mit friedlichen Mitteln ihr gemeinsames Ziel zu verwirklichen: Ein wiedervereinigtes Deutschland, das eine freiheitlich-demokratische Verfassung, ähnlich wie die Bundesrepublik, besitzt und das in die europäische Gemeinschaft integriert ist.

(3) (gestrichen)

(4) Die Drei Mächte werden die Bundesrepublik in allen Angelegenheiten konsultieren, welche die Ausübung ihrer Rechte in bezug auf Deutschland als Ganzes berühren. (...)

Für die Bundesrepublik Deutschland gezeichnet: Adenauer.

Für das Vereinigte Königreich von Großbritannien und Nordirland gezeichnet: Anthony Eden.

Für die Vereinigten Staaten von Amerika gezeichnet: Dean Acheson.

Für die Französische Republik gezeichnet: Robert Schuman.

Aus: Ingo von Münch (Hrsg.), Dokumente des geteilten Deutschland. Quellentexte zur Rechtslage des Deutschen Reiches, der Bundesrepublik Deutschland und der Deutschen Demokratischen Republik. 2. Auflage, Stuttgart 1976, S. 229-234

Sowjetische Erklärung zur Souveränität der DDR

Am 25. März 1954 wurde die „Erklärung der Regierung der UdSSR über die Gewährung der Souveränität an die Deutsche Demokratische Republik" abgegeben. Die Westmächte und die Bundesregierung betrachteten die DDR aber weiterhin als „Zone", in der die Sowjetunion die Besatzungsherrschaft ausübte.

Ulbricht: „Ätsch – ich bin souverän!" (aus: Süddeutsche Zeitung, April 1954)

1. Die Sowjetunion nimmt mit der Deutschen Demokratischen Republik die gleichen Beziehungen auf wie mit anderen souveränen Staaten. Die Deutsche Demokratische Republik wird die Freiheit besitzen, nach eigenem Ermessen über ihre inneren und äußeren Angelegenheiten einschließlich der Frage der Beziehungen zu Westdeutschland zu entscheiden.

2. Die Sowjetunion behält in der Deutschen Demokratischen Republik die Funktionen, die mit der Gewährleistung der Sicherheit in Zusammenhang stehen und sich aus den Verpflichtungen ergeben, die der Sowjetunion aus den Viermächteabkommen erwachsen.

Die Sowjetregierung hat die Erklärung der Regierung der Deutschen Demokratischen Republik zur Kenntnis genommen, daß sie die Verpflichtungen einhalten wird, die sich für die Deutsche Demokratische Republik aus dem Potsdamer Abkommen über die Entwicklung Deutschlands als eines demokratischen und friedliebenden Staates ergeben, sowie die Verpflichtungen, die mit dem zeitweiligen Aufenthalt sowjetischer Truppen auf dem Gebiet der DDR in Zusammenhang stehen.

3. Die Überwachung der Tätigkeit der staatlichen Organe der Deutschen Demokratischen Republik, die bisher vom Hohen Kommissar der Sowjetunion in Deutschland wahrgenommen wurde, wird aufgehoben.

Aus: Ingo von Münch (Hrsg.), Dokumente des geteilten Deutschland. 2. Auflage, Stuttgart 1976, S. 329-330

Herrschaftsanspruch der SED

Der weiterbestehende gesamtdeutsche Anspruch der SED wird beispielhaft in einem Artikel deutlich, der im Dezember 1955 unter dem Titel „Wer ist ein Patriot?" in der Monatsschrift „Junge Generation" veröffentlicht wurde.

Unser Vaterland ist die Deutsche Demokratische Republik. In dieser Republik hat erstmalig in der deutschen Geschichte das werktätige Volk die Macht. Hier wurde durch die politischen und wirtschaftlichen revolutionären Umwälzungen, durch den kulturellen und wissenschaftlichen Aufstieg erstmalig ein gesellschaftlicher Zustand geschaffen, von dem wir sagen können, das ist das wahre Vaterland des Volkes. Dieses Vaterland ist die Zukunft des ganzen Deutschland, der einigen und unteilbaren deutschen Nation. Sein Vaterland lieben, heißt deshalb die Deutsche Demokratische Republik mit all' ihren fortschrittlichen Errungenschaften lieben. Für das Vaterland tätig sein, bedeutet zum Nutzen der Deutschen Demokratischen Republik tätig sein. An erster Stelle der patriotischen Aktivität steht das Bemühen um die Festigung, die Sicherheit und den Schutz der DDR. Es gilt, das Vaterland der deutschen Werktätigen gegen alle frechen Ansprüche der westdeutschen Imperialisten zu verteidigen.

Wer ist ein Patriot? Frage und Antwort; in: Hermann Weber (Hrsg.), DDR. Dokumente zur Geschichte der Deutschen Demokratische Republik 1945-1985. 3. Auflage, München 1987, S. 222-223

Chruschtschow in Ost-Berlin

Der Generalsekretär der Kommunistischen Partei der Sowjetunion (KPdSU), Nikita Chruschtschow, am 26. Juli 1955 in Ost-Berlin zur deutschen Frage:

Man kann die deutsche Frage nicht auf Kosten der Interessen der Deutschen Demokratischen Republik lösen. (Lang anhaltender Beifall.) Wir sind davon überzeugt, daß die Werktätigen der Deutschen Demokratischen Republik sich nicht mit einem Standpunkt einverstanden erklären können, der nur die Interessen der westlichen Ländergruppierung zuungunsten der Interessen der Deutschen Demokratischen Republik berücksichtigt. Kann die Deutsche Demokratische Republik damit einverstanden sein, daß sie in den Nordatlantikpakt und in die westeuropäische Union einbezogen wird und auf ihre Schultern die Lasten des Wettrüstens abgewälzt werden? Können die Werktätigen der Deutschen Demokratischen Republik auf die Beseitigung aller ihrer politischen und sozialen Errungenschaften, auf die Beseitigung aller ihrer demokratischen Umgestaltungen eingehen? Wir sind überzeugt, daß sich die Werktätigen der Deutschen Demokratischen Republik niemals einverstanden erklären werden, einen solchen Weg zu gehen. (Starker Beifall.)

Neues Deutschland v. 27. 7. 1955; in: Hermann Weber (Hrsg.), DDR. Dokumente zur Geschichte der Deutschen Demokratischen Republik 1945-1985. 3. Auflage, München 1987, S. 217-218

DDR-Flüchtlinge

Nach einem Bericht des Bundesministeriums für Gesamtdeutsche Fragen haben von 1945 bis 1949 mindestens 438 700 Personen die SBZ und den sowjetischen Sektor Berlins verlassen. Über die Zeit von 1949 bis 1961 gibt die nachstehende Quelle Aufschluss:

Registrierte Flüchtlinge aus der sowjetischen Besatzungszone bzw. Antragsteller im Notaufnahmeverfahren:

1949 (ab September)	129 245
1950	197 788
1951	165 648
1952	182 393
1953	331 390
1954	184 198
1955	252 870
1956	279 189
1957	261 622
1958	204 092
1959	143 917
1960	199 188
1961 (1.1.-15.8.)	159 730
	2 691 270

(...) Es ist nicht zu hoch gegriffen, wenn man die Zahl der nicht im Notaufnahmeverfahren Registrierten aus dem ganzen Zeitraum seit Kriegsende mit mindestens einer Million Personen ansetzt. Mithin haben mindestens 3,6 bis 3,7 Millionen Deutsche seit 1945 die sowjetische Besatzungszone und den Sowjetsektor von Berlin verlassen.

Hermann Weber (Hrsg.), DDR. Dokumente zur Geschichte der Deutschen Demokratischen Republik 1945-1985. 3. Auflage, München 1987, S. 251-253

Die Anfang der 50er-Jahre neu erbaute Stalinallee in Berlin (Ost) in Richtung Osten. 1961 wurde die Straße in Karl-Marx-Allee bzw. Frankfurter Allee umbenannt. Sie führt vom Alexanderplatz in Richtung Frankfurt/Oder.

Im Schatten des Kalten Krieges vollzog sich in beiden deutschen Staaten in den fünfziger Jahren der wirtschaftliche Wiederaufbau. Dabei stieg der Wohlstand der Bevölkerung. In der Bundesrepublik verstärkte sich zudem der kulturelle Einfluss der Vereinigten Staaten; in der DDR erklärte die SED die Sowjetunion sogar zum Vorbild für nahezu alle Lebensbereiche. Jedoch beeinflusste die UdSSR die Kultur und das Alltagsleben in der DDR weitaus weniger nachhaltig als die USA die westdeutsche Jugend. Allgemein blieben in beiden deutschen Gesellschaften traditionelle Leitbilder und Werte prägend, wie die Bemühungen um die Gleichberechtigung der Frauen zeigen.

– Wiederaufbau und zunehmender Konsum waren in beiden deutschen Staaten eng miteinander verbunden. So traten in der Bundesrepulik schon in den frühen fünfziger Jahren die unerwünschten Folgen der „Fresswelle“ hervor, mit der die Menschen auf die Entbehrungen der Kriegs- und Nachkriegszeit reagierten. Mit dem Konsum ging in den späten fünfziger Jahren ein kultureller Aufbruch einher. In der Bundesrepublik wurde besonders der amerikanische Sänger Elvis Presley (1935-1977) zum Vorbild der Jugend, die sich zunehmend von der älteren Generation abgrenzte. In der DDR bündelten sich die „sozialistische“ Kultur und die Aufbruchshoffnungen der Menschen besonders in Stalinstadt (seit 1961: Eisenhüttenstadt), das in den frühen fünfziger Jahren an der Oder aufgebaut wurde. Die Stadt wurde in der SED-Propaganda als Vorbild für die neue Gesellschaft dargestellt.

– Die Werte und Leitbilder der Menschen veränderten sich aber nur langsam. So trafen die Bemühungen um eine Gleichberechtigung der Frau auf beträchtliche Vorbehalte. In der Bundesrepublik forderten besonders die Kirchen, dass sich Frauen auf ihre Familien und den Haushalt beschränken sollten. In der DDR wurde die Berufstätigkeit von Frauen stärker gefördert, aber auch hier blieben traditionelle Rollenbilder einflussreich. Die Erklärungen und Berichte vermitteln Einblicke in das unterschiedliche und zugleich ähnliche Frauenbild in beiden deutschen Staaten.

„Friss die Hälfte!“

Die Folgen des reichlichen Essens für das Körpergewicht wurden in der Bundesrepublik Deutschland schon 1950 deutlich. Die Zeitschrift „Der Ratgeber“ wies deshalb in einem Artikel mahnend auf die Essgewohnheiten hin und vermittelte ihren Lesern Hinweise zur Umstellung des Lebensmittelverzehrs.

Mit Schlagsahne und Schinkenbrötchen, Schokolade und Räucheraal sind auch die Sorgen um die schlanke Linie wieder aufgetaucht. Sorgen – das ist ja eigentlich ganz etwas anderes als diese aus einem zu guten Leben sich ergebenden Stoßseufzer, die wir lieber „Gewissensbisse“ nennen wollen darüber, daß wir in der Freude über die wieder erschienenen guten Dinge etwas über die Stränge geschlagen haben.

Wie dem auch sei: Der Mantel ist zu eng, die Kostümjacke geht nicht mehr zu, das Kleid kracht in allen Nähten, und das Jackett – ja, auch Sie, meine Herren, sind diesmal „Betroffene“ – läßt sich weder durch Knopfversetzen noch durch Nahtauslassen mehr erweitern. Unser Gesicht nähert sich dem Vollmondformat, aus einem Kinn sind mindestens zwei geworden. Über den verlängerten Rükken und die Hüften breiten wir lieber den Mantel der Nächstenliebe, und Herr Müller muß immer sein Söhnchen fragen, ob seine Schuhe staubig sind, denn der Bauch versperrt jede Aussicht nach unten.

Eins ist also sicher: Wir haben in der letzten Zeit zuviel oder besser gesagt falsch gegessen. Immer gerade das, nach dem wir nach den langen Jahren des Entbehrens so unwiderstehlich verlangten und was so hübsch Fett ansetzt. Nicht die Menge des Essens tut es, das klassische Schlankheitsrezept „F. d. H.“ (auf gut deutsch: Friß die Hälfte!) hat daher nur bedingt Geltung. Um schlank zu werden und schlank zu bleiben, bedarf es nur einer natürlichen Lebensweise mit vernünftig gemischter Kost.

Ratgeber 1950, Nr. 9, S. 257; in: Christoph Kleßmann/Georg Wagner (Hrsg.), Das gespaltene Land. Leben in Deutschland 1945-1990. Texte und Dokumente zur Sozialgeschichte. München 1993, S. 186

Elvis Presley als Vorbild der Jugend

In den späten fünfziger Jahren verstärkte sich der kulturelle Einfluss der USA in der Bundesrepublik. Besonders der „Rock 'n' Roll“ wurde immer beliebter. Außer Bill Haley (1925-1981) verbreitete der amerikanische Sänger Elvis Presley den neuen Tanz- und Musikstil in Deutschland. Der deutsche Rockstar Udo Lindenberg (geb. 1946) erinnert sich:

Damals, 1957, ich war elf, schoß aus dem Radio Elvis Presley mit „Tutti Frutti“, und die ersten Takte verbannten meine bisherigen Lieblingslieder „Ave Maria“, „Was hat der Hans mit der Grete getan“, „Der lachende Vagabund“ und sogar „Marina“ schlagartig aus meinem Frischlingsherzen. Worum es ging, verstand ich nicht, aber dieser Schluckaufgesang und die elektrisierende Musik rockten mich durch, und ich rannte in die Küche, schnappte Töpfe und Kochlöffel, trommelte die letzte Minute von „Tutti Frutti“ mit, und damit war die für mich damals gerade aktuelle Berufsentscheidung

Rock'n' Roll-Rausch in den 50er-Jahren

zwischen Seefahrer und Trommler gefallen. Elvis Presley hatte mich angezündet, und ich dachte: Jetzt ist Erdbeben. (...)

Er hat uns gegen unsere Eltern, denen ja sonst alles gehörte, etwas Eigenes gegeben. Bis jetzt hatten wir immer nur zu hören bekommen: „Dafür bist du noch zu jung." Mit Elvis in den Ohren konnten wir zurückbrüllen: „Dafür seid ihr schon zu alt."

Wo kam dieses Dynamit her? Wo gab's noch mehr davon? So kriegte ich durch Elvis auch Bill Haley mit, den es schon vorher gab, und bald hatte ich eine Sammlung von Platten mit „Amigeheul" und „Negermusik", und meine Oma fiel in Ohnmacht. Ich weiß auch noch, wie schwierig es war, den Schlacker-Schlotter-Gummibein-Tanz mit Schleuderdame zu lernen. Ich gestehe, daß ich bis heute Elvis' Bravour nicht ganz erreiche. (...)

Ein paar Sachen an ihm sind mir fremd geblieben, vielleicht weil Amerika so weit weg war. Nachdem Elvis dann auch als „guter Amerikaner" sehr brav und sauber in die Herzen der Erwachsenen in seinem Land eingekehrt war, nachdem er in Deutschland vorbildlich seinen Militärdienst abgeleistet hatte und seine Filme bonbonfarben und schlechter wurden als die von James Dean, hörte er auf, die absolute Sensation für mich zu sein. Nicht ganz: Er kriegte seinen guten Platz in der Reihe der Musiker, die ich toll fand, und Rock-Musik an sich wurde für mich zur Sensation. Elvis hat die Startbahn mitplaniert, auf der viele Musiker, und später ich auch, mit ihrem eigenen Jet abhoben

Udo Lindenberg; in: Götz Eisenberg/Hans-Jürgen Linke (Hrsg.), Fuffziger Jahre. Gießen 1980, S. 235-236

Die Kirchen zur Frauenrolle

In den fünfziger Jahren veränderte sich die westdeutsche Gesellschaft schnell, obwohl konservative Kabinette unter Bundeskanzler Adenauer unangefochten regieren. Auch viele Werte wandelten sich nur langsam, wie das Frauenbild der evangelischen und der katholischen Kirche zeigt. Aus einer Schrift der evangelischen Akademie Hamburg, 1954:

Jene Stimmen aus den Reihen berufstätiger Frauen erinnern uns nicht nur an ein Versäumnis. Sie lassen auch erkennen, daß die Berufstätigkeit der Frau als solche nicht ohne Problematik ist, daß sie in sich eine Spannung trägt, die immer wieder bestanden sein will. Wer das nicht sieht, wird die besondere Art der Lebensaufgabe einer Frau im Beruf schwerlich recht erkennen. Es handelt sich dabei um keinerlei Urteil über die Tüchtigkeit und Lebensleistung der berufstätigen Frau: Es gilt lediglich, die Voraussetzungen, unter denen sie ihre Leistung vollbringt, nüchtern zu erkennen. Und dazu gehört – neben wichtigen anderen Dingen – zweifellos auch dies: Die Frau ist nach Leib und Seele dazu geschaffen, die Lebensgefährtin eines Mannes und die Mutter von Kindern zu werden – das ist einfach ein Befund. Er umfaßt neben dem rein physiologischen auch einen psychischen Tatbestand: Die Frau hat im Unterschied vom Mann – abgesehen von Ausnahmen, die es immer gibt – gerade diejenigen Eigenschaften und Fähigkeiten, auf die das Kind angewiesen ist, wenn es nicht Schaden im leiblichen und geistigen Wachstum leiden soll. Das einfühlende Erkennen, der Hang zum Hegen und Pflegen des Hilflosen, der rasche Blick für das menschlich Nächstnotwendige – alle solche besonderen „fraulichen" Befähigungen sind zugleich ein deutlicher Hinweis auf die der Frau zugedachten Aufgabe: das Leben als Gattin und Mutter.

Eugenio Pacelli (1876-1958), ab 1939 Papst Pius XII., schrieb 1958:
Die Sorge für das Haus, in dem die Frau die Königin ist, bildet das Zentrum und die Stätte ihres hauptsächlichen Wirkens. Aber in der jetzigen Ordnung der Dinge hat die Industrie mit ihren riesigen Fortschritten einen Wandel ohnegleichen herbeigeführt. Sie hat eine große Zahl von Frauen gezwungen, den häuslichen Herd zu verlassen und ihre Arbeit in den Fabriken, in den Büros und Geschäften zu verrichten. Welches ist eure Pflicht unter diesen Umständen? Sorget dafür, heute mehr denn je, daß die Familie das Heiligtum eures Lebens sei.

Ziel der Frauenarbeit im öffentlichen Leben ist, die Würde des Mädchens, der Gattin, der Mutter zu schützen. Haus und Heim und Kind gemäß der ursprünglichen Rangordnung innerhalb der Gesamtaufgaben der Frau zu erhalten.

Das Schicksal der Familie, das Schicksal des menschlichen Gemeinschaftslebens steht auf dem Spiel. Es liegt in euren Händen. Jede Frau also, ohne Ausnahme, hat – merkt es euch wohl – die Pflicht, die strenge Gewissenspflicht, nicht abseits zu bleiben, sondern zu handeln.

Beide aus: Christoph Kleßmann, Die doppelte Staatsgründung. Deutsche Geschichte 1945-1955. 5. Auflage, Göttingen 1991, S. 369 -370

Frauenarbeit in der DDR

Die Schul- und Ausbildung von Frauen wurde in der DDR in den sechziger Jahren deutlich verbessert. Daneben sollte ihnen die Einrichtung von Kindergärten und -krippen eine Berufstätigkeit ermöglichen, z.B. in den Landwirtschaftlichen Produktionsgenossenschaften (LPG). Ein Bericht, den Walter Ulbrichts Ehefrau Lotte (1903-2002) und die ZK-Frauenfunktionärin Ingeburg Lange (geb. 1927) 1966 vorlegten, zeigt aber auch, dass die Arbeit im Haushalt weiterhin vorwiegend von Frauen verrichtet wurde. Der Bericht war abgedruckt im „Neuen Deutschland" v. 22. 12. 1966.

Die Zahl der Frauen, die leitende Funktionen in den zentralgeleiteten volkseigenen Industriebetrieben ausüben, hat sich von 1961 zu 1965 fast verdoppelt. Das annähernd gleiche Ergebnis konnte auch

Maschinistenlehrlinge im Kraftwerk Trattendorf (DDR), 1969

in den Landwirtschaftlichen Produktionsgenossenschaften erreicht werden. (...)

Die Anstrengungen unseres Staates hinsichtlich der Erleichterungen im Leben der Frauen werden immer größer. Die Zahl der in Kinderkrippen betreuten Kinder erhöhte sich von 90 490 im Jahre 1961 auf 116 950 im Jahre 1965. Das ist eine Steigerung um 29, 2 Prozent. In den Kindergärten wurden 1961 419 159 Kinder betreut und 1965 511 045. Das ist eine Steigerung um 21, 9 Prozent. (...)

Es bleibt noch viel zu tun. (Die Lösung der Probleme) ist in erster Linie abhängig von den Anstrengungen aller Werktätigen, die Arbeitsproduktivität zu steigern und unsere Pläne zu erfüllen. Es hängt jedoch auch sehr viel davon ab, wie die Leiter, die Ehemänner und auch die heranwachsende Jugend sich zu dem Recht der Frau und Mutter verhalten, alle ihre geistigen und körperlichen Fähigkeiten voll entfalten und anwenden zu können.

Man wird uns zustimmen, daß in manchen Betrieben, LPG und auch Familien das Leben der Frau schon jetzt um vieles leichter sein könnte, wenn die theoretische Zustimmung zum Prinzip der Gleichberechtigung immer zum entsprechenden Handeln führte. Das schließt ein, daß der Mann mehr bei der Hausarbeit und der Erziehung der Kinder zupackt, daß die Arbeits- und Lebensbedingungen in den Betrieben effektiver erleichtert werden und einige Leiter mit größerem Mut und auch etwas mehr Unterstützung an den Einsatz von Frauen in mittlere und leitende Funktionen herangehen.

Inge Lange/Lotte Ulbricht. Ein Beschluß zur rechten Zeit; in: Hermann Weber (Hrsg.), DDR. Dokumente zur Geschichte der Deutschen Demokratischen Republik 1945-1985. 3. Auflage, München 1987, S. 295-296

Herrschaftsfestigung in der DDR

Vorbeimarsch der Ehrenformation der Nationalen Volksarmee, die im Januar 1956 aus der Kasernierten Volkspolizei hervorgegangen war, anlässlich des Besuches einer sowjetischen Partei- und Regierungsdelegation im August 1957 in Ost-Berlin. Auf der Ehrentribüne (von links nach rechts): Walter Ulbricht, Nikita Chruschtschow, der Ost-Berliner Bürgermeister Friedrich Ebert, der sowjetische Außenminister Andrej A. Gromyko (rechts vom Rednerpult), der Stellvertretende Ministerpräsident Anastas I. Mikojan und Otto Grotewohl.

Mit dem Kalten Krieg wuchsen die Unterschiede zwischen den politischen und gesellschaftlichen Ordnungen in beiden deutschen Staaten. In der DDR verkündete die SED auf ihrer 2. Parteikonferenz (9.-12. Juli 1952) den „Aufbau des Sozialismus" und schloss sich damit den politischen Zielen an, die auch den Aufbau der anderen „Volksdemokratien" in Osteuropa bestimmten. In der Bundesrepublik wurde die bürgerlich-konservative Regierung in Wahlen 1953 und 1957 bestätigt, sodass Kanzler Adenauer jeweils neue Kabinette bilden konnte. Der gesellschaftliche Wandel beschleunigte sich aber auch in Westdeutschland, besonders seit den späten 50er-Jahren.

- 1952/53 richtete die SED-Führung ihre Politik verstärkt gegen innere und äußere „Feinde". So wurden Maßnahmen gegen „Kapitalisten" und „Großbauern" durchgesetzt und der Aufbau bewaffneter Streitkräfte in Angriff genommen. Partei- und Staatsfunktionäre trieben die Kollektivierung der Landwirtschaft voran, sodass selbstständige Bauern gezwungen wurden, sich in Landwirtschaftlichen Produktionsgenossenschaften (LPG) zusammenzuschließen. Zugleich wurde der Ausbau der Schwerindustrie auf Kosten der Erzeugung von Konsumgütern verstärkt. In den evangelischen Kirchen gerieten besonders junge Gemeindemitglieder unter hohen politischen Druck. Jugendliche sollten die Kirchen verlassen und der Freien Deutschen Jugend (FDJ) beitreten, die als Staatsorganisation von der SED kontrolliert wurde. Demgegenüber blieb der Protest der Kirchenleitungen gegen die politische Unterdrükkung weitgehend wirkungslos.
- Im Juni 1953 hatte die radikale Politik des SED-Regimes in der DDR eine offene Empörung ausgelöst. Der Aufstand, der sich am 17. Juni im zweiten deutschen Staat ausbreitete, wurde durch den Streik von Bauarbeitern ausgelöst, die sich in der Ost-Berliner Stalinallee gegen die erneute Erhöhung ihrer Arbeitsanforderungen (Normen) wandten. An den Protesten, die in der DDR mehr als 700 Orte erfassten, nahm mindestens eine Million Menschen teil. Obwohl sowjetische Streitkräfte mit ihren Panzern den Aufstand niederschlugen, geriet die Staats- und Parteiführung unter dem Ersten Sekretär des Zentralkomitees der SED, Walter Ulbricht (1893-1973), in eine tiefe Krise. 1954/55 konnte Ulbricht seine Macht aber wieder festigen. Nachdem Nikita Chruschtschow auf dem XX. Parteitag der KPdSU (14.-25. Februar 1956) erstmals den Personenkult um Stalin kritisiert hatte, kam Ulbricht gegenüber seinen Kritikern in der SED erneut in Bedrängnis. Verstärkt durch Proteste in Polen und den Aufstand in Ungarn erfasste die Unruhe in der DDR im Herbst 1956 besonders die „Intelligenz" (Schriftsteller, Hochschullehrer und Studierende). 1957/58 zerschlug Ulbricht jedoch erneut die Opposition in SED und Bevölkerung.

Der „Aufbau des Sozialismus“

Mit dem Beschluss zum „Aufbau des Sozialismus“ in der DDR brach die SED-Führung auf ihrer 2. Parteikonferenz vom 9. bis 12. Juli 1952 endgültig mit dem Reformkonzept, das die KPD in dem Gründungsaufruf am 11. Juni 1945 verkündet hatte. Grundlage der neuen Politik war der Marxismus-Leninismus, nach dem die Arbeiter sich mit den „werktätigen“ Bauern (d. h. Landwirte ohne Lohnarbeiter) verbünden und sich der Führung einer schlagkräftigen Arbeiterpartei unterordnen sollten. Aus der Rede Walter Ulbrichts auf der 2. Parteikonferenz:

Das Hauptinstrument bei der Schaffung der Grundlagen des Sozialismus ist die Staatsmacht. (...) Dieser Staat der Werktätigen hat zwei Klassen zur Grundlage: die Arbeiterklasse und die Klasse der werktätigen Bauernschaft. Die beiden Klassen sind durch das Bündnis der Arbeiterklasse mit den werktätigen Bauern verbunden. Außerdem gibt es bei uns die der Arbeiterklasse nahestehende Schicht der Intelligenz, der eine sehr wichtige gesellschaftliche Bedeutung zukommt und die zum Unterschied von der Intelligenz der kapitalistischen Gesellschaft ihre Arbeit, ihre Kräfte, ihr Wissen in den Dienst der Sache des Volkes stellt. Die führende Rolle hat die Arbeiterklasse in ihren Händen als die fortgeschrittenste Klasse, die von der Sozialistischen Einheitspartei Deutschlands, von der Partei, die sich von der Lehre von Marx-Engels-Lenin-Stalin leiten läßt, geführt wird. (Starker Beifall.) (...)

Was sind die Aufgaben der Staatsmacht in der Deutschen Demokratischen Republik?

Kampagnen „Landwirtschaftlicher Produktionsgenossenschaften“ (LPG) Ende der 50er-Jahre im Bezirk Potsdam. Der Beitritt zu den LPG galt offiziell als Bekenntnis für die SED und DDR und gegen die westdeutsche Regierung Adenauer.

Demonstration in Ost-Berlin 1950 mit Abbildungen Stalins (rechts) und Lenins (links)

1. Brechung des Widerstandes der gestürzten und enteigneten Großkapitalisten und Großagrarier. Liquidierung aller ihrer Versuche, die Macht des Kapitals wiederherzustellen.

2. Organisierung des Aufbaus des Sozialismus mit Hilfe des Zusammenschlusses aller Werktätigen um die Arbeiterklasse. (Wiederholter starker Beifall.)

3. Schaffung der bewaffneten Streitkräfte der Deutschen Demokratischen Republik zur Verteidigung der Heimat gegen die äußeren Feinde, zum Kampf gegen den Imperialismus. (Lang anhaltender Beifall.)

Walter Ulbricht, Die gegenwärtige Lage und die neuen Aufgaben der SED; in: Matthias Judt (Hrsg.), DDR-Geschichte in Dokumenten. Beschlüsse, Berichte, interne Materialien und Alltagszeugnisse. Berlin 1997, S. 52-53

Kirchen unter Druck

Die SED-Führung betrachtete die Kirchen als Einrichtungen, die Menschen von politischer Tätigkeit abhielten. In den frühen fünfziger Jahren verstärkte sich besonders der Druck auf die „Jungen Gemeinden", die sich innerhalb der evangelischen Kirche gebildet hatten. In einer

Erklärung protestierte die Evangelische Bischofskonferenz am 21. April 1953 gegen die Vorwürfe sowie Übergriffe von Staats- und Parteifunktionären gegen Kirchenmitglieder.

Uns ist bekanntgeworden, daß gegen die Glieder der Jungen Gemeinde mit besonderer Härte vorgegangen wird und welche Mittel dabei angewendet werden. Wir wissen von vielen Fällen, in denen junge Menschen, die ihre Mitgliedschaft in der Jungen Gemeinde nicht aufgeben wollten, von der Schule verwiesen und am Abschluß ihrer Ausbildung gehindert wurden. Wir wissen von anderen noch schwereren Fällen, in denen ein unverantwortlicher Druck auf junge Menschen ausgeübt worden ist mit dem Ziel, das Rückgrat ihrer Gesinnung und ihres Glaubens zu brechen. Wir erklären, daß wir kein Wort von den Angriffen glauben, die in der „Jungen Welt", dem Organ des Zentralrates der FDJ, gegen die Junge Gemeinde erhoben sind. Wir kennen diese jungen Christen und wissen, daß es nicht wahr ist, daß sie die Junge Gemeinde zu einer „Terrorgruppe zur Sabotage der Wiedervereinigung Deutschlands" machen wollten. Terror, Verrat und Sabotage gehören nicht zu den Mitteln christlicher Wirksamkeit. (…) Wir wissen von unbegreiflich hohen Strafen in Fällen, die das allgemeine Rechtsempfinden der gesamten zivilisierten Welt völlig anders beurteilen würde. Wir erklären, daß wir diese Methode der Rechtspraxis wie auch des Vorgehens gegen junge Menschen als unmenschlich empfinden. Wer die Einheit Deutschlands will, darf mit Deutschen nicht so umgehen.

Keesings Archiv der Gegenwart, 23. Jg., 1953, S. 3963,
in: Hermann Weber (Hrsg.), DDR. Dokumente zur Geschichte der DDR 1945-1985. 3. Auflage, München 1987, S. 194-195

Unruhen in der DDR und Aufstand gegen die SED

Am 5. März 1953 starb Stalin. Seine Nachfolger rückten von der harten Politik des Diktators gegen „Klassenfeinde" ab. In der SED verbreitete sich Unsicherheit, und am 11. Juni verkündete die Parteiführung den „neuen Kurs". Die Erklärung des Politbüros verlieh in der DDR Reformhoffnungen Auftrieb. Die lange angestaute Unzufriedenheit entlud sich schließlich Mitte Juni in Unruhen und Streiks in den

„volkseigenen Betrieben", die sich in der Hand des Staates befanden. Hier waren am 14. Mai 1953 die Arbeitsnormen um mindestens zehn Prozent erhöht worden – eine verdeckte Lohnsenkung, die die SED-Führung auch mit dem abrupten Wechsel zum „Neuen Kurs" nicht zurücknahm. Die Normenerhöhungen lösten deshalb den Protest aus, der sich aber auch gegen die politische Unterdrückung, die Zwangswirtschaft und Einparteienherrschaft in der DDR sowie gegen die Teilung Deutschlands richtete. In vielen Orten kam es in der DDR deshalb zu Demonstrationen, die aber von sowjetischen Truppen niedergeschlagen wurden. Der SED-Funktionär Heinz Brandt (1909-1986) schilderte 1967 im Rückblick die Ereignisse in Berlin:

Am Morgen des 17. Juni stand Ostberlin, stand die DDR im Zeichen der Volkserhebung.

Es kam zu tumultartigen Szenen in den Straßen Ostberlins. Ich sah, wie Funktionärsautos umgeworfen, Transparente und Losungen, auch Parteiabzeichen abgerissen und verbrannt wurden. In vielen Städten der DDR kam es zum Massensturm auf Gefängnisse, auf Partei- und Regierungsdienststellen. Zentren der Generalstreikbewegung waren die traditionellen Industriegebiete Sachsen und Thüringen – von jeher Mittelpunkt der Arbeiterbewegung.

Als ich morgens zu dem mir zugeteilten volkseigenen Großbetrieb Bergmann-Borsig in Berlin-Wilhelmsruh kam, wurde dort keine Hand gerührt. Die Arbeiter diskutierten am Arbeitsplatz und führten in den Hallen kleine Versammlungen durch. (...)

Interessant war meine Begegnung mit dem Parteisekretär des Betriebes. Er meinte, im Betrieb würde es „ruhig blieben". An Arbeit sei allerdings kaum zu denken.

Ich veranlaßte ihn, die gesamte Belegschaft durch den Lautsprecher in den großen Saal des Kulturhauses zu rufen. In wenigen Minuten war der Riesenraum von einem einzigen Brodeln erfüllt.

In diesem Moment, da die Arbeiter hier in Aktion versammelt waren, so fuhr es mir durch den Kopf, und nur für die Dauer dieser Aktion, gehörte dieser Betrieb wahrhaft ihnen. Genau das sagte ich auch.

„Heute ist dieser Betrieb euer Betrieb geworden, aber damit steht auch in eurer Verantwortung, was aus ihm wird. Erstens: nichts zerstören; zweitens: hier und sofort einen Betriebsausschuß wählen!"

Jugendliche bewerfen in der Leipziger Straße in Ost-Berlin sowjetische Panzer mit Pflastersteinen, 17. Juni 1953.

Dieser Vorschlag wurde ohne Diskussion angenommen und unmittelbar verwirklicht. Zum Ausschußvorsitzenden wurde ein älterer, erfahrener sozialdemokratischer Arbeiter gewählt. In der Diskussion, die der Wahl des Betriebsausschusses folgte, sprachen etwa zwanzig Arbeiter.

Das war eine elementare, leidenschaftliche Auseinandersetzung, eine historische Abrechnung mit dem SED-Regime. All das, was sich bisher gestaut hatte, nie offen in Versammlungen ausgesprochen worden war, brach sich jetzt Bahn. Aus eignem Erleben, in der drastischen, ungekünstelten Sprache des erregten Menschen, der von seinen persönlichen Erfahrungen ausgeht, wurden zahllose empörende Beispiele von Rechtswillkür angeführt. Namen von Arbeitskollegen aus dem Betrieb wurden genannt, die verhaftet, verurteilt, mißhandelt worden waren, deren Angehörige nichts mehr von ihnen gehört hatten. (...)

Als politisches Hauptziel wurde die Wiedervereinigung Deutschlands durch freie demokratische Wahlen gefordert.

Am Schluß der Versammlung sprang ein Arbeiter auf das Podium und forderte die Belegschaft auf, sich mittags am Betriebstor zu versammeln, um im Stadtzentrum zu demonstrieren – überall wären bereits derartige Streikdemonstrationen im Gange. (...)

Der Demonstrationszug kam nicht weit. Um 13 Uhr war der Ausnahmezustand eingetreten. General Dibrowa, der sowjetische Stadtkommandant, hatte ihn verhängt. Unmittelbar darauf kämmten sowjetische Truppen die Straßen durch. Die Bergmann-Borsig-Demonstration wurde aufgelöst, die „Rädelsführer" – darunter der sozialdemokratische Vorsitzende des soeben gewählten Betriebsausschusses – verhaftet. Welch glorreiche Aktion der Sowjet(Räte)macht gegen die Räte!

Heinz Brandt, Ein Traum, der nicht entführbar ist. München 1967/Berlin (West) 1977, S. 240-241, in: Hermann Weber (Hrsg.), DDR. Dokumente zur Geschichte der Deutschen Demokratischen Republik 1945-1985. 3. Auflage, München 1987, S. 197-199

Mauerbau

Der berühmt gewordene Sprung eines Soldaten der Nationalen Volksarmee (NVA) über den Stacheldraht in den Westteil Berlins am Tag des Mauerbaus (13. August 1961)

Am 13. August 1961 riegelte die SED-Führung Ost-Berlin ab, um so die stark angeschwollene Fluchtwelle aus der DDR einzudämmen. Drei Tage später wurde in Berlin mit dem Bau der Mauer begonnen, die für die Menschen zum wichtigsten Symbol der Teilung Deutschlands wurde. Damit vertiefte sich die Teilung Deutschlands, die mit der Gründung der Bundesrepublik und der DDR 1949 eingesetzt hatte. Schon zuvor war die Entfremdung zwischen den beiden deutschen Staaten und ihren Bewohnern im Kalten Krieg gewachsen. Am 27. November 1958 hatte der sowjetische Staats- und Parteichef Nikita

Chruschtschow gefordert, Berlin in eine freie, entmilitarisierte Stadt umzuwandeln. Die Westmächte sollten deshalb ihre Truppen aus West-Berlin abziehen und auf ihre Hoheitsrechte für die Zugangswege nach Berlin verzichten. Ultimativ drohte Chruschtschow, der DDR nach einer Frist von sechs Monaten die Rechte über Berlin zu übertragen. Demgegenüber beharrten besonders die Vereinigten Staaten auf der Viermächte-Verwaltung Berlins und auf den Rechten der Westalliierten. Nach dem Mauerbau gab die SED die Wiedervereinigung Deutschlands auch als Ziel auf, während westdeutsche Politiker an dem Konzept festhielten, ein einheitliches Land als Nationalstaat wiederherzustellen.

- Bereits am 15. Juni 1961 kündigte Ulbricht in einer Pressekonferenz indirekt den Bau der Mauer an. Die Regierung der DDR (Ministerrat) rechtfertigte den Mauerbau in einer Erklärung vom 12. August 1961 als Schutzmaßnahme gegenüber „westdeutschen Revanchisten und Militaristen“. Diese Darstellung war von der radikalen Abgrenzungspropaganda der SED bestimmt.
- Die Reaktionen in der Bundesrepublik waren von Enttäuschung und Hoffnungslosigkeit bestimmt. Die westdeutschen Politiker mussten erkennen, dass der amerikanische Bündnispartner den Mauerbau hinnahm, um einen Krieg zu vermeiden. Das Ziel der Wiedervereinigung war in der Bundesrepublik demgegenüber nicht umstritten. Nachdenkliche Stimmen wiesen allerdings darauf hin, dass der Mauerbau die Trennung besiegelt habe, die wechselseitige Angriffe zwischen den beiden deutsche Staaten herbeigeführt hatten.
- In der Politik der SED verstärkte sich nach dem Mauerbau die Abschottung gegenüber der Bundesrepublik. So sollte der Einfluss westlicher Kultur (z.B. Jugendmusik) in der DDR eingeschränkt werden. Die SED-Machthaber drängten auch die evangelischen Kirchengemeinden in der DDR, von der gemeinsamen Kirchenorganisation in der Evangelischen Kirche in Deutschland (EKD) abzurücken und sich damit von den westdeutschen Kirchen zu lösen. In der neuen Verfassung, die 1968 in der DDR erlassen wurde, gab die SED-Führung schließlich offiziell das Konzept der deutschen Einheit auf. In der Gründungsverfassung hatte sich die DDR 1949 noch feierlich zu diesem Ziel bekannt.

„... nicht bekannt, dass eine solche Absicht besteht“

Der zunehmende Verlust wertvoller Arbeitskräfte durch die Flucht nach Westdeutschland setzte die SED-Führung 1960/61 unter Druck. Da an der Westgrenze der DDR (Demarkationslinie) schon 1952 eine fünf Kilometer breite Sperrzone eingerichtet worden war, flohen die Menschen überwiegend über West-Berlin in die Bundesrepublik. Am 15. Juni 1961 dementierte Ulbricht die Absicht, Ost-Berlin durch eine Mauer von West-Berlin abriegeln zu wollen. Er antwortete damit auf die Frage eines Journalisten, die so nicht gestellt worden war, und gab so selbst einen Hinweis auf den bevorstehenden Mauerbau:

Ich verstehe Ihre Frage so, daß es in Westdeutschland Menschen gibt, die wünschen, daß wir die Bauarbeiter der Hauptstadt der DDR dazu mobilisieren, eine Mauer aufzurichten. Mir ist nicht bekannt, daß eine solche Absicht besteht. Die Bauarbeiter unserer Hauptstadt beschäftigen sich hauptsächlich mit Wohnungsbau, und ihre Arbeitskraft wird dafür voll eingesetzt. Niemand hat die Absicht, eine Mauer zu errichten!

Walter Ulbricht auf einer internationalen Pressekonferenz in Berlin (Ost) am 15. Juni 1961; in: Matthias Judt (Hrsg.), DDR-Geschichte in Dokumenten. Beschlüsse, Berichte, interne Materialien und Alltagszeugnisse. Berlin 1997, S. 550

Bau der – zunächst provisorischen – Mauer in Berlin am 13. August 1961

Der DDR-Ministerrat rechtfertigt den Mauerbau

Am Morgen des 13. August 1961 unterbrach die SED-Führung den Verkehr zwischen Ost- und West-Berlin. Die Regierung der DDR (Ministerrat) rechtfertigte den Mauerbau als Schutz- und Verteidigungsmaßnahme gegen angebliche Angriffe der westlichen Staaten, besonders der Bundesrepublik. Der Beschluss des Ministerrats vom 12. August 1961 spiegelt die Propaganda der SED wider:

Aus der Niederlage Hitler-Deutschlands im zweiten Weltkrieg hat die Bonner Regierung die Schlußfolgerung gezogen, daß die räuberische Politik des deutschen Monopolkapitals und seiner Hitler-Generäle noch einmal versucht werden soll, indem auf eine deutsche nationalstaatliche Politik verzichtet und Westdeutschland in einen NATO-Staat, in einen Satellitenstaat der USA verwandelt wurde. (...)

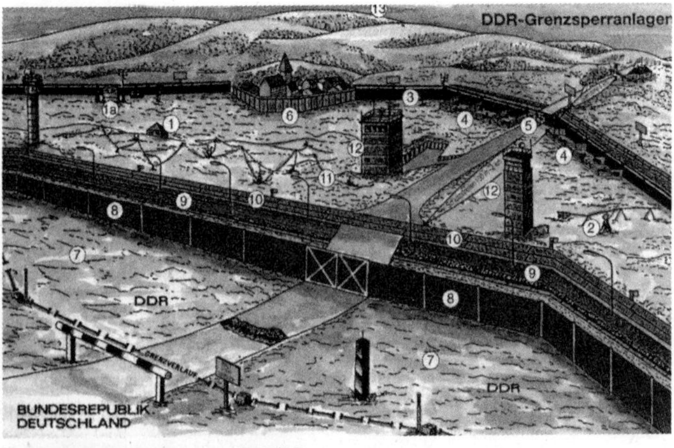

Schema der Grenzanlagen der DDR

1 Beobachtungsbunker
2 Hundelaufanlage
3 „Schutzzaun" mit elektronischen und akustischen Sicherungsanlagen
4 Hundefreilaufanlage
5 Durchlasstor mit Signaldrähten
6 Betonsperrmauer
7 abgeholzter, geräumter Geländestreifen
8 Metallgitterzaun (3,20 m)
9 Spurensicherungsstreifen (2 bzw. 6 m)
10 Fahrweg für Grenzposten
11 Grenzbeleuchtung
12 Beobachtungstürme
13 5-km-Sperrzone (nur mit Sondergenehmigung zu betreten, galt auch für Bewohner)

Erhalten gebliebenes Teilstück der Grenzbefestigung im „Deutsch-deutschen-Grenzmuseum Mödlareuth“ (im Hintergrund ein Wachturm), 1996

Wie aus offiziellen Regierungsdokumenten und aus der Grundsatzerklärung der Parteiführung der CDU/ CSU zu entnehmen ist, hat diese aggressive Politik und Störtätigkeit das Ziel, ganz Deutschland in den westlichen Militärblock der NATO einzugliedern und die militaristische Herrschaft in der Bundesrepublik auch auf die Deutsche Demokratische Republik auszudehnen. Die westdeutschen Militaristen wollen durch alle möglichen betrügerischen Manöver, wie z.B. „freie Wahlen“, ihre Militärbasis zunächst bis zur Oder ausdehnen, um dann den großen Krieg zu beginnen.

Die westdeutschen Revanchisten und Militaristen mißbrauchen die Friedenspolitik der UdSSR und der Staaten des Warschauer Vertrages in der Deutschlandfrage, um durch feindliche Hetze, durch Abwerbung und Diversionstätigkeit nicht nur der Deutschen Demokratischen Republik, sondern auch anderen Staaten des sozialistischen Lagers Schaden zuzufügen.

Aus all diesen Gründen beschließt der Ministerrat der Deutschen Demokratischen Republik in Übereinstimmung mit dem Beschluß des Politischen Beratenden Ausschusses der Staaten des Warschauer Vertrages zur Sicherung des europäischen Friedens, zum Schutze der

Deutschen Demokratischen Republik und im Interesse der Sicherheit der Staaten des sozialistischen Lagers folgende Maßnahmen:

Zur Unterbindung der feindlichen Tätigkeit der revanchistischen und militaristischen Kräfte Westdeutschlands und Westberlins wird eine solche Kontrolle an den Grenzen der Deutschen Demokratischen Republik einschließlich der Grenze zu den Westsektoren von Groß-Berlin eingeführt, wie sie an den Grenzen jedes souveränen Staates üblich ist. Es ist an den Westberliner Grenzen eine verläßliche Bewachung und eine wirksame Kontrolle zu gewährleisten, um der Wühltätigkeit den Weg zu verlegen. Diese Grenzen dürfen von Bürgern der Deutschen Demokratischen Republik nur noch mit besonderer Genehmigung passiert werden.

Ingo von Münch (Hrsg.), Dokumente des geteilten Deutschland. Quellentexte zur Rechtslage des Deutschen Reiches, der Bundesrepublik Deutschland und der Deutschen Demokratischen Republik. 2. Auflage, Stuttgart 1976, S. 383-385

Reaktion der CDU auf den Mauerbau

Auf dem Höhepunkt des Bundestagswahlkampfes waren die meisten westdeutschen Politiker vom Mauerbau völlig überrascht. Obwohl sich am 27. Oktober 1961 amerikanische und sowjetische Panzer gegenüberstanden, schritten die Vereinigten Staaten nicht gegen die Abriegelung Ost-Berlins ein. Ende 1961 blickte der Vorsitzende der CDU/CSU-Fraktion im Bundestag, Heinrich Krone (1895-1989), zurück:

30./31. Dezember 1961 (…)

In Berlin sind die Menschen nicht mehr so erregt wie die Wochen und Monate vorher. Sie sind aber besorgt, sehr besorgt. Sie stellen die Frage, wann sie gehen sollten. Die Zahl derer, die Berlin verlassen, wächst. Es sind nicht die kleinen Leute. Das Pendel kann wieder zur anderen Seite schlagen, wenn kommende Verhandlungen die Gewähr für Stabilität und Gesichertheit in Berlin bieten. Doch kommt es dazu? Man glaubt es nicht; man ist nicht mehr des Glaubens, daß die Amerikaner es schaffen.

Der 13. August ist in der Bevölkerung der Tag der großen Ernüchterung und Enttäuschung. Bis dahin glaubte und traute man den Amerikanern blindlings. Wir müssen vom Bund aus alles für

Berlin tun, was dieser Stadt moralisch, kulturell und wirtschaftlich Hilfe und Stütze ist. Doch – ich befürchte, wir können Berlin nicht vor der Auszehrung bewahren. Berlin vergreist. Erst wenn die deutsche Frage gelöst ist, wenn wir wieder ein ganzes Volk sind, ist auch die Berlin-Frage gelöst. Doch wann? Wir sind weit von dieser glücklichen Stunde entfernt.

Der 13. August ist ein Schicksalstag des deutschen Volkes. Wie ein Blitzstrahl das Dunkel erleuchtet, daß es taghell vor uns liegt, so hat dieser August-Tag das Dunkel der Stunde erhellt und uns für alle sichtbar den Blick in die deutsche Zukunft ermöglicht.

An der Mauer entlang ist Deutschland getrennt, verläuft die Grenze des kommunistischen Ostens gegen die freie Welt. Und – was wir immer nicht glauben wollten, die amerikanische Politik nimmt diese Grenze zur Kenntnis. (...) Wir wissen jetzt alle, wo heute die Grenze verläuft, bis zu der sich die Amerikaner engagieren. Dieser Rückzug auf diese Linie hat viel an Vertrauen erschüttert. (...)

Die Stunde kommt, wo wir wieder eins werden. (...) Doch, sagen wir es offen, der deutsche Westen ist in Gefahr, seinen Teil für das Ganze zu halten. Erst wenn wir im Westen versagen, hört Deutschland an der Mauer auf; erst wenn wir im Westen versagen, sind die Deutschen hinter der Mauer verloren.

Klaus Gotto (Hrsg.), Neue Dokumente zur Deutschland- und Ostpolitik Adenauers; in: Rudolf Morsey/Konrad Repgen (Hrsg.), Adenauer-Studien III. Mainz 1974, S. 165-166; in: Christoph Kleßmann, Zwei Staaten, eine Nation. Deutsche Geschichte 1955-1970. 2. Auflage, Bonn 1997, S. 503-504

Die „Mauer in den Köpfen“

Schon vor dem Mauerbau hatten der Kalte Krieg und die Teilung Deutschlands die Lebenswelten der Menschen in der Bundesrepublik und der DDR langsam voneinander getrennt. Die Journalistin Margret Boveri (1900-1975) bezeichnete diese wechselseitige Entfremdung zwischen den Ost- und Westdeutschen im Februar 1962 als beträchtliches Hindernis für eine Wiedervereinigung Deutschlands:

Ebenso schlimm wie die Mauer aus Steinen, Mörtel und Zement, die am 13. August quer durch Berlin gebaut worden ist, scheint mir die Mauer zu sein, die sich im Laufe der letzten fünfzehn Jahre fast unmerklich in der Vorstellungswelt der Deutschen auf beiden Seiten der Trennungslinie gebildet hat. Vielleicht ist sie sogar noch schlimmer, weil die Steinmauer sich einmal, wenn die politischen Voraussetzungen gegeben sein werden, mit physischen Mitteln von einem Tag auf den anderen abtragen läßt, wie ja auch die Backsteinmauern, die Goebbels Anfang 1945 gegen die vorrückenden Russen quer über Berlins Straßen legen ließ, verschwanden, sobald ihre Sinnlosigkeit mit dem Ende des Schießkriegs auch dem letzten an den „Endsieg" Gläubigen offenbar geworden war.

Dagegen die immaterielle und doch so undurchdringliche Mauer, von der hier die Rede sein soll, kann nicht auf Grund von Beschlüssen der verantwortlichen Regierenden einfach abgebaut werden. Sie hat keinen geographischen Ort und ist doch in der Landschaft des Kalten Krieges in ihrer Doppelseitigkeit allgegenwärtig; gebaut aus vermeintlichen Erkenntnissen und propagandistisch erzeugten Vorstellungen, zementiert durch immer neu aufwallende und wieder erstarrende Lagen hochgepeitschter Erregungen. Es wird schwer sein, sie abzutragen; denn in jeder Seele weist sie ihre eigene erlebnisbedingte Struktur auf. Wie sie nur durch die raffiniert gehandhabten Mittel der psychologischen Kriegsführung aufgebaut werden konnte, so wird sie auch nur durch die behutsam erklärende Therapie einer psychologischen Friedensführung – ein neuer Begriff, über den niemand nachzudenken scheint – überwunden werden können.

Zwei oberste Bauherren – die beiden Kommandozentralen des Kalten Krieges – haben diese Doppelmauer bestellt.

Die Zeit, 9. 2. 1962; in: Christoph Kleßmann, Zwei Staaten, eine Nation. Deutsche Geschichte 1955-1970. 2. Auflage, Bonn 1997, S. 502-503

Abschottung der DDR

Nach dem Mauerbau schloss die SED-Führung die DDR auch gegenüber kulturellen Einflüssen aus westlichen Staaten ab. So wandte sich Erich Honecker, der dem ZK der SED sowie dem Politbüro der Partei angehörte und von 1946 bis 1955 die FDJ leitete, 1965 gegen die Beat-Musik, die – von Jugendlichen in der DDR begrüßt – von dem Jugendsender „DT 64" gesendet wurde.

Über eine lange Zeit hat „DT 64" in seinem Musikprogramm einseitig die Beat-Musik propagiert. In den Sendungen des Jugendsenders wurden in nicht vertretbarer Weise die Fragen der allseitigen Bildung und des Wissens junger Menschen, die verschiedensten Bereiche der Kunst und Literatur der Vergangenheit und Gegenwart außer acht gelassen. (...) Der schädliche Einfluß solcher Musik auf das Denken und Handeln von Jugendlichen wurde grob unterschätzt. Niemand in unserem Staate hat etwas gegen eine gepflegte Beat-Musik. Sie kann jedoch nicht als die alleinige und hauptsächlichste Form der Tanzmusik betrachtet werden. Entschieden und systematisch müssen ihre dekadenten Züge bekämpft werden, die im Westen in letzter Zeit die Oberhand gewannen und auch bei uns Einfluß fanden.

Erich Honecker, Bericht des Politbüros an das 11. Plenum des ZK der SED, Dezember 1965 (Auszug); in: Neues Deutschland v. 16. 12. 1965; in: Matthias Judt (Hrsg.), DDR-Geschichte in Dokumenten. Beschlüsse, Berichte, interne Materialien und Alltagszeugnisse. Berlin 1997, S. 337-338

Entspannung

Kranzniederlegung am Mahnmal im früheren Warschauer Ghetto durch Bundeskanzler Willy Brandt am 7. Dezember 1970

Im Oktober 1962 hatte die Stationierung sowjetischer Raketen auf Kuba eine Krise zwischen den USA und der UdSSR ausgelöst – es drohte ein Atomkrieg. Nachdem die Sowjetunion ihre Raketen aus Kuba abgezogen hatte, wuchs das Interesse der Supermächte an einer Entspannung ihres Verhältnisses. Diese Politik wurde in der Bundesrepublik von der neuen Regierungskoalition aufgegriffen, die nach der Bundestagswahl im Oktober 1969 von Kanzler Willy Brandt (1913-1992) gebildet worden war. Ein bedeutsames Symbol für die „Neue Ostpolitik" der Bundesregierung und die damit verbundene Bereitschaft zur Aussöhnung mit den osteuropäischen Nachbarstaaten war die Geste Brandts, als er am 7. Dezember 1970 vor dem Mahnmal für die Opfer der nationalsozialistischen Vernichtungspolitik im ehemaligen jüdischen Ghetto in Warschau niederkniete. Schon zuvor hatten mehrere Abkommen von 1963 bis 1966 Besuche von West-Berlinern in Ost-Berlin ermöglicht. Die „Große Koalition" von

SPD und CDU hatte zudem von 1966 bis 1969 Kontakte zur DDR-Regierung unter Ministerpräsident Willi Stoph (1914-1999) aufgenommen und Rumänien sowie Jugoslawien diplomatisch anerkannt.

- Grundlegend für die „Neue Ostpolitik" der Bundesregierung war das Ziel, die Einheit Deutschlands durch Entspannung und Annäherung zu erreichen. Eine völkerrechtliche Anerkennung der DDR lehnte Bundeskanzler Brandt jedoch ab.
- Demgegenüber forderte die Regierung der DDR eine uneingeschränkte diplomatische Anerkennung ihres Staates. In seinem Treffen mit Brandt hielt Stoph auch an der Abgrenzungspolitik gegenüber der Bundesrepublik fest, ohne damit aber eine Zusammenarbeit bei praktischen Problemen auszuschließen.
- Im „Grundlagenvertrag", der am 21. Dezember 1972 zwischen den beiden deutschen Staaten abgeschlossen wurde, sicherten sich die Bundesrepublik und die DDR gegenseitig die Unverletzlichkeit ihrer Grenzen zu. In dem „Brief zur deutschen Einheit", auf den in dem Abkommen hingewiesen wurde, hielt die Bundesregierung aber weiterhin an dem Ziel der Wiedervereinigung des geteilten Landes fest. Der „Grundlagenvertrag" erleichterte Kontakte zwischen West- und Ostdeutschen. Die menschlichen Beziehungen wurden besonders durch den freieren Personenverkehr gefördert. Verträge mit der Sowjetunion, Polen und der Tschechoslowakei ermöglichten und ergänzten von 1970 bis 1973 das Abkommen zwischen den beiden deutschen Staaten.

DDR-Ministerpräsident Stoph in Erfurt

Am 19. März 1970 trafen sich Bundeskanzler Brandt und DDR-Ministerpräsident Stoph in Erfurt. Die Position der SED, besonders zur völkerrechtlichen Anerkennung der DDR, wurde in Stophs Rede deutlich:

In Ihrem Schreiben vom 22. Januar 1970 erklärten Sie, Sie seien bereit, Verhandlungen zwischen der DDR und der Bundesrepublik auf der Grundlage der Gleichberechtigung und Nichtdiskriminierung zu führen. Danach dürfte dem nichts entgegenstehen, daß sich die DDR und die BRD im Verhältnis zueinander als das anerkennen, was sie sind, nämlich als souveräne Subjekte des Völkerrechts.

Das Kabinett der Regierungskoalition von SPD und FDP unter Bundeskanzler Willy Brandt, 1969

Wenn Sie sich selbst auf Prinzipien des Völkerrechts beziehen, Herr Bundeskanzler, dann verlangt das, daraus auch die notwendigen Schlußfolgerungen abzuleiten und die souveräne Gleichheit der DDR in einem völkerrechtlich gültigen Vertrag anzuerkennen. Damit würde Ihre Regierung dokumentieren, daß sie im Gegensatz zu den früheren Regierungen der BRD sich wirklich vom Ballast der Vergangenheit befreit und auf den Boden der Realitäten stellt.

Äußerungen prominenter Vertreter Ihrer Regierungskoalition habe ich entnommen, daß offenkundig die Einsicht an Boden gewinnt, die völkerrechtliche Anerkennung der DDR sei letzten Endes doch nicht zu umgehen. Daran werden allerdings eigenartige Bemerkungen über einseitige Vorleistungen der DDR gegenüber der Bundesrepublik geknüpft. Es wird auf eine Änderung unserer sozialistischen Gesellschaftsordnung spekuliert. So vernünftig Einsichten über die Unausweichlichkeit der völkerrechtlichen Anerkennung der DDR sind, so unsinnig ist es, sie – ich muß das so deutlich sagen – mit irgendwelchen konterrevolutionären Absichten zu verbinden. (...)

Die Regierung der DDR steht auf dem Standpunkt: Wer den Frieden sichern will, der muß alle Zündstoffe und Herde von Konflikten aus der Welt schaffen. Davon kann so lange nicht die Rede sein, solange der politisch-territoriale Status nicht eindeutig und vorbehaltlos anerkannt wird. (...)

Angesichts der eindeutigen Sach- und Rechtslage, die sich aus dem Bestehen zweier voneinander unabhängiger und in ihrer Gesellschaftsordnung gegensätzlicher Staaten ergibt, kann es im Interesse der Sicherung des Friedens keinen anderen Weg geben als die Herstellung von Beziehungen der friedlichen Koexistenz auf der Basis des Völkerrechts.

Ingo von Münch (Hrsg.), Dokumente des geteilten Deutschland. Quellentexte zur Rechtslage des Deutschen Reiches, der BRD und der DDR, Bd. 2: Seit 1968. Stuttgart 1974, S. 185, 187, 189, 194-195, 200

Brandts Erwiderung

Die Vorschläge, die Bundeskanzler Brandt dem DDR-Ministerpräsidenten Stoph in Erfurt unterbreitete, waren von den Zielen bestimmt, die Teilung Deutschlands als Folge der nationalsozialistischen Diktatur zu überwinden, sie aber gleichzeitig auch teilweise hinzunehmen. In seiner Antwort auf Stophs Rede erläuterte Brandt sein politisches Konzept:

Wir können diese (die deutsche) Teilung nicht einfach ungeschehen machen. Aber wir können uns bemühen, die Folgen dieser Teilung zu mildern und aktiv zu einer Entwicklung beizutragen, die sich anschickt, die Gräben zuzuschütten, die uns trennen in Europa und damit auch in Deutschland.

Dabei gehe ich aus von der fortdauernden und lebendigen Wirklichkeit einer deutschen Nation. (...) Die starken Bande der gemeinsam erlebten und gemeinsam zu verantwortenden Geschichte, der keiner entfliehen kann, die Bande der Familie, der Sprache, der Kultur und all jener Unwägbarkeiten, die uns Zusammengehörigkeit fühlen lassen, sind eine Realität. Eine Politik, die versuchen würde, dieses Fundament nationaler Existenz zu leugnen oder zu mißachten, wäre nach meiner Überzeugung zum Scheitern verurteilt.

Von dieser Realität gilt es genauso auszugehen wie von der Tatsache, daß in Deutschland, in seinen tatsächlichen Grenzen von 1970, zwei Staaten entstanden sind, die miteinander leben müssen. (...)

Wir dürfen es allerdings der geschichtlichen Entwicklung nicht unmöglich machen, daß die Gräben, die die Staaten Europas heute trennen, zugeschüttet werden. Wir dürfen es nicht unmöglich machen, daß das deutsche Volk in freier Selbstbestimmung darüber entscheidet, wie es zusammenleben will. (...)

Erlauben Sie mir, noch einmal die Grundsätze zu bestätigen, von denen sich die Bundesregierung leiten läßt und die ich Ihnen seinerzeit übermittelt hatte:

1. Beide Staaten haben ihre Verpflichtung zur Wahrung der Einheit der deutschen Nation. Sie sind füreinander nicht Ausland.

2. Im übrigen müssen die allgemein anerkannten Prinzipien des zwischenstaatlichen Rechts gelten, insbesondere der Ausschluß jeglicher Diskriminierung, die Respektierung der territorialen Integrität, die Verpflichtung zur friedlichen Lösung aller Streitfragen und zur Respektierung die beiderseitigen Grenzen.

3. Dazu gehört auch die Verpflichtung, die gesellschaftliche Struktur im Gebiet des Vertragspartners nicht gewaltsam ändern zu wollen.

4. Die beiden Regierungen sollten eine nachbarschaftliche Zusammenarbeit anstreben, vor allem die Regelung der fachlich-technischen Zusammenarbeit, wobei gemeinsame Erleichterungen in Regierungsvereinbarungen festgelegt werden können.

5. Die bestehenden Rechte und Verantwortlichkeiten der Vier Mächte in Bezug auf Deutschland als Ganzes und Berlin sind zu respektieren.

6. Die Bemühungen der Vier Mächte, Vereinbarungen über eine Verbesserung der Lage in und um Berlin zu treffen, sind zu unterstützen.

Ingo von Münch (Hrsg.), Dokumente des geteilten Deutschland. Quellentexte zur Rechtslage des Deutschen Reiches, der BRD und der DDR, Bd. 2: Seit 1968. Stuttgart 1974, S. 173-175, 177-179, 182

Grundlagenvertrag

Im Rahmen ihrer „Neuen Ostpolitik" schloss die Regierung Brandt/Scheel von 1970 bis 1973 Verträge mit Polen, der Sowjetunion und der Tschechoslowakei und stellte damit die außenpolitischen Beziehungen zwischen der Bundesrepublik und diesen Staaten auf eine neue Grundlage. Die Außenpolitik der sozialliberalen Koalition wurde aber von der CDU-Opposition im Bundestag abgelehnt. Sie warf der Regierung vor, mit den Verträgen die kommunistischen Diktaturen in Osteuropa aufzuwerten und die Nachkriegsgrenzen anzuerkennen. Die Aufnahme diplomatischer Beziehungen zur DDR betrachtete die CDU darüber hinaus als Billigung der Teilung Deutschlands. Deshalb konnte der „Vertrag über die Grundlagen der Beziehungen zwischen der Bundesrepublik Deutschland und der Deutschen Demokratischen Republik" (I.) erst unterzeichnet werden, nachdem am 27. April 1972 ein konstruktives Misstrauensvotum der CDU-Bundestagsfraktion gegen die Regierung gescheitert war. Dem „Grundlagenvertrag" war ein „Brief zur deutschen Einheit" (II.) beigefügt, der den Bedenken der CDU Rechnung trug und von dem „Bundesminister für besondere Aufgaben beim Bundeskanzler", Egon Bahr (geb. 1922), unterzeichnet wurde.

I. Die Hohen Vertragschließenden Seiten (...) sind wie folgt übereingekommen:

Artikel 1
Die Bundesrepublik Deutschland und die Deutsche Demokratische Republik entwickeln normale gutnachbarliche Beziehungen zueinander auf der Grundlage der Gleichberechtigung.

Artikel 2
Die Bundesrepublik Deutschland und die Deutsche Demokratische Republik werden sich von den Zielen und Prinzipien leiten lassen, die in der Charta der Vereinten Nationen niedergelegt sind, insbesondere der souveränen Gleichheit aller Staaten, der Achtung der Unabhängigkeit, Selbständigkeit und territorialen Integrität, dem Selbstbestimmungsrecht, der Wahrung der Menschenrechte und der Nichtdiskriminierung.

Artikel 3
Entsprechend der Charta der Vereinten Nationen werden die Bundesrepublik Deutschland und die Deutsche Demokratische Republik ihre Streitfragen ausschließlich mit friedlichen Mitteln lösen und sich der Drohung mit Gewalt oder der Anwendung von Gewalt enthalten.

Sie bekräftigen die Unverletzlichkeit der zwischen ihnen bestehenden Grenze jetzt und in der Zukunft und verpflichten sich zur uneingeschränkten Achtung ihrer territorialen Integrität.

Artikel 4
Die Bundesrepublik Deutschland und die Deutsche Demokratische Republik gehen davon aus, daß keiner der beiden Staaten den anderen international vertreten oder in seinem Namen handeln kann. (...)

Artikel 6
Die Bundesrepublik Deutschland und die Deutsche Demokratische Republik gehen von dem Grundsatz aus, daß die Hoheitsgewalt jedes der beiden Staaten sich auf sein Staatsgebiet beschränkt. Sie respektieren die Unabhängigkeit und Selbständigkeit jedes der beiden Staaten in seinen inneren und äußeren Angelegenheiten.

Artikel 7
Die Bundesrepublik Deutschland und die Deutsche Demokratische Republik erklären ihre Bereitschaft, im Zuge der Normalisierung ihrer Beziehungen praktische und humanitäre Fragen zu regeln. Sie werden Abkommen schließen, um auf der Grundlage dieses Vertrages und zum beiderseitigen Vorteil die Zusammenarbeit auf dem Gebiet der Wirtschaft, der Wissenschaft und Technik, des Verkehrs, des Rechtsverkehrs, des Post- und Fernmeldewesens, des Gesundheitswesens, der Kultur, des Sports, des Umweltschutzes und auf anderen Gebieten zu entwickeln und zu fördern. (...)

Zu Urkunde dessen haben die Bevollmächtigten der Hohen Vertragschließenden Seiten diesen Vertrag unterzeichnet.

Geschehen in Berlin, am 21. Dezember 1972, in zwei Urschriften in deutscher Sprache.

Für die Bundesrepublik Deutschland
Egon Bahr

Für die Deutsche Demokratische Republik
Dr. Michael Kohl

An den Staatssekretär beim Ministerrat der Deutschen Demokratischen Republik
Herrn Dr. Michael Kohl
Berlin

Sehr geehrter Herr Kohl!
Im Zusammenhang mit der heutigen Unterzeichnung des Vertrages über die Grundlagen der Beziehungen zwischen der Bundesrepublik Deutschland und der Deutschen Demokratischen Republik beehrt sich die Regierung der Bundesrepublik Deutschland festzustellen, daß dieser Vertrag nicht im Widerspruch zu dem politischen Ziel der Bundesrepublik Deutschland steht, auf einen Zustand des Friedens in Europa hinzuwirken, in dem das deutsche Volk in freier Selbstbestimmung seine Einheit wiedererlangt.
Mit vorzüglicher Hochachtung
Bahr
Bundesminister für besondere Aufgaben beim Bundeskanzler
Bonn, den 21. Dezember 1972

Ingo von Münch (Hrsg.), Dokumente des geteilten Deutschland. Quellentexte zur Rechtslage des Deutschen Reiches, der BRD und der DDR, Bd. 2: Seit 1968. Stuttgart 1974, S. 301-303, 316

Reformhoffnungen

Besetzung der Tschechoslowakei durch sowjetische Truppen am 21. August 1968. Panzer werden von Demonstranten mit tschechischer Fahne umringt.

Die Proteste gegen den Besuch des persischen Schahs Reza Pahlewi in Berlin am 2. Juni 1967 und der Tod des Studenten Benno Ohnesorg am selben Abend zeigten, dass die Politik der Großen Koalition von CDU und SPD unter Bundeskanzler Kurt-Georg Kiesinger, die sich nach dem Rücktritt Adenauers (15. Oktober 1963) und dem Ende der Regierung Ludwig Erhards (1963-1966) gebildet hatte, in der Bundesrepublik zunehmend auf Widerspruch stieß. Im Frühjahr 1968 steigerten sich die Proteste von Studenten, die auf einen Wandel der Gesellschaft drängten und den Regierungswechsel von 1969 maßgeblich förderten. In der DDR wuchs die Reformhoffnung, nachdem Alexander Dubček (1921-1992) in der Tschechoslowakei die Führung der Kommunistischen Partei übernommen hatte. Während die Studentenbewegung in Westdeutschland Unruhe auslöste und besonders im Bürgertum auf Unverständnis und Ablehnung traf, verlangte die Staatsführung der DDR gegenüber der Sowjetunion, gegen die Reformpolitik Dubčeks einzuschreiten. Der Einmarsch von Truppen des Warschauer Paktes beendete schließlich am 21. August 1968 den „Prager Frühling", löste in der DDR aber Unruhe und vereinzelt sogar Proteste aus. Während die SED-Führung um Ulbricht nicht von ihrer Politik abrückte, setzte die Regierung Brandt in der Bundesrepublik in den frühen 70er-Jahren weitreichende innenpolitische Reformen durch. Unterhalb der „großen Politik" wuchs in beiden deutschen Staaten seit den späten 60er-Jahren der Wohlstand weiter, in der Bundesrepublik allerdings deutlich schneller als in der DDR, wo die wirtschaftliche Reformpolitik des „Neuen Ökonomischen Systems" (NÖS) in den späten 60er-Jahren abgebrochen wurde. Die Rückkehr zur zentralen staatlichen Planung, mit der die Erzeugung, Preise, Löhne und andere Größen festgelegt wurden, verschärfte in der DDR jedoch die wirtschaftlichen Probleme.

- In Westdeutschland führte die Studentenbewegung zu heftigen innenpolitischen Auseinandersetzungen. Warnende Stimmen bemühten sich um einen Abbau der gesellschaftlichen Spannungen. Letztlich trug die Studentenbewegung in der Bundesrepublik zur politischen Liberalisierung bei, die sich auch in einem grundlegenden Wandel der Lebensstile niederschlug. Werte, die sich auf Unterordnung und Gehorsam bezogen, wurden langsam zugunsten eines selbstbestimmteren Lebens verdrängt. Der Reformschub erfasste aber nicht nur Erziehung und Bildung, sondern auch die Jugendkultur und die sexuellen Beziehungen.
- In der DDR löste der „Prager Frühling" Reformhoffnungen aus. Nachdem die Staats- und Parteiführung um Alexander Dubček entmachtet worden war, drückten Ostdeutsche ihre Enttäuschung in Streiks, geheim verbreiteten Flugblättern und offenem Protest aus.
- Die SED, in der Erich Honecker am 3. Mai 1971 Ulbricht als Parteichef abgelöst hatte, schwankte zwischen radikaler Abgrenzung und Zugeständnissen an die Bevölkerung. Die Führung der SED hatte ihre Abgrenzung gegenüber der Bundesrepublik auch in den frühen 70er-Jahren keineswegs aufgegeben, wie Honecker in seinem „Schießbefehl" vom 3. Mai 1974 klarstellte.

Studentenbewegung und Reform in der Bundesrepublik

Die Studentenbewegung in der Bundesrepublik beruhte besonders auf dem Protest gegen das veraltete Bildungswesen (vor allem in den Hochschulen), „bürgerliche" Werte und die Verdrängung der nationalsozialistischen Vergangenheit in Westdeutschland. Darüber hinaus demonstrierten die Studenten gegen den Krieg, den die USA seit den frühen 60er-Jahren (bis 1975) gegen die kommunistischen Vietcong-Truppen in Vietnam führten. Der Chefredakteur der Zeitschrift „Soziale Ordnung" (1966-1968) und CDU-Sozialpolitiker Norbert Blüm (geb. 1935) legte 1968 seine Überlegungen zum Umgang mit der Studentenbewegung dar:

Nur eines wissen wir dank Bild-Zeitung: Alle Studenten sind schlechte Menschen, und wer gar auf die Straße geht, um zu demonstrieren, ist ein Verbrecher, im Bildzeitungsstil allerdings anders tituliert: „Krawalltüte", Politgammler", „Eiterbeutel", „immatrikulierter Mob", „Neurotiker", „geistige Halbstarke", „Schwätzer", „langhaarige Affen". (...)

Studentendemonstration in München mit Bildern von Marx, Che Guevara und Ho Chi Minh

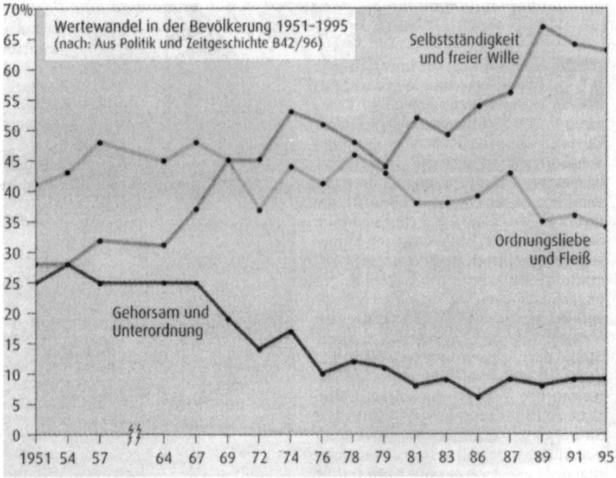

Wertewandel in der Bevölkerung 1951-1995

Es besteht kein Zweifel, die politische Auseinandersetzung ist auf dem Siedepunkt angekommen. Terror wird Mode. Draufschlagen, mit dieser Aufforderung ist heute billig Beifall zu erhalten. Die Frage ist, was will die Christlich-Demokratische Arbeitnehmerschaft? Ist sie nur Lautverstärker dieser populären Auffassung, oder weiß sie mit anderen einen anderen Weg aus dem Dilemma? (…)

Selbstbesinnung tut not. Durch den Triumphalismus, in dem sich manche Politiker gefallen, wird ihnen der Blick auf den Mangel unserer Gesellschaftsordnung versperrt. Nur wenn bei allen das Bemühen feststellbar ist, bestehende Mängel zu beseitigen, besteht die Chance, daß sich die gegenwärtigen Auseinandersetzungen entkrampfen. Ein Zug der Unehrlichkeit charakterisiert unsere politische Landschaft.

Auch die außerparlamentarische Opposition ist nicht frei davon. Man hört viel von Vietnam, wenig oder gar nichts ist zu hören von den Massenschlachten in Biafra, der Menschenjagd auf Chinesen in Indonesien und vom systematischen Morden von Katholiken im Süd-Sudan. Man kann sich des Eindrucks nicht erwehren, daß die außerparlamentarische Opposition nur dann aufschreit, wenn es gilt, dem westlichen System „eins auszuwischen".

Norbert Blüm, Selbstgerechtigkeit ist Provokation; in: Soziale Ordnung, H. 5/1968, S. 3; in: Christoph Kleßmann, Zwei Staaten, eine Nation. Deutsche Geschichte 1955-1970. 2. Auflage, Bonn 1997, S. 544-545

Enttäuschte Reformhoffnungen in der DDR

Der Einmarsch von Truppen des Warschauer Paktes in die Tschechoslowakei (Operation „Donau") wurde im Juli 1968 mit umfangreichen Übungen in der Ukraine und in den osteuropäischen Staaten vorbereitet. Die Nationale Volksarmee (NVA) der DDR nahm an der Besetzung der ČSSR nicht direkt teil. Zwei Divisionen und eine Grenzbrigade mit insgesamt 18 000 Soldaten sicherten allerdings die militärische Unterdrückung des „Prager Frühlings" ab. So entwaffneten NVA-Verbände tschechoslowakische Grenzpolizisten, zerstörten ihre Nachrichtenverbindungen und verschleppten Tschechen in die DDR. Kleine Truppeneinheiten drangen sogar in das tschechische Grenzgebiet vor. Ein Pfarrer, der im Bezirk Magdeburg wohnte, protestierte zwei Tage nach dem Einmarsch offen gegen die Politik der SED-Führung:

Pfarrer Rudolf Ruther

An den Nationalrat der Nationalen Front Magdeburg

In tiefer Beschämung

– und aus Protest –

erkläre ich, daß ich ab sofort jegliche öffentliche politische Arbeit für die Sache des Sozialismus in unserem Lande ruhen lasse.

Dies gilt, bis die Einmischung in die inneren Partei- und Landesinteressen der ČSSR – gegen den dortigen Volkswillen – beendet wird und die Truppen des Warschauer Vertrages und damit unsere eigenen sich aus dem willkürlich besetzten Territorium der ČSSR auf ihre bisherigen Standorte zurückziehen.

gez. Rudolf Ruther, Pfarrer.

Stiftung Archiv der Parteien und Massenorganisationen der DDR im Bundesarchiv, DY 30/IV A 2/902/155; in: Rüdiger Wenzke, Die NVA und der Prager Frühling 1968. Die Rolle Ulbrichts und der DDR-Streitkräfte bei der Niederschlagung der tschechoslowakischen Reformbewegung. Berlin 1995, S. 255.

„Schießbefehl" Erich Honeckers vom Mai 1974

Durch die Verträge zwischen der Bundesrepublik und der DDR verstärkten sich die Beziehungen zwischen den West- und Ostdeutschen. Die SED-Führung nahm diese Öffnung aber nicht nur als Chance für eine zwischenstaatliche Normalisierung, sondern auch als Gefahr wahr.

Deshalb versuchten die Machthaber in Ost-Berlin in den 70er-Jahren weiterhin fieberhaft, die Grenzen der DDR abzuschließen, um „Republikfluchten" zu verhindern. Die Anweisungen des 1. Sekretärs des Zentralkomitees (ZK) der SED und Vorsitzenden des Nationalen Verteidigungsrates (NVR), Erich Honecker, auf der 45. Sitzung des NVR am 3. Mai 1974 zum Verhalten der DDR-Grenztruppen verdeutlichen die brutale Abschottungspolitik des SED-Regimes, das auch vor Tötungen nicht zurückschreckte:

In der Aussprache (…) legte Genosse Erich Honecker folgende Gesichtspunkte dar:

- die Unverletzlichkeit der Grenzen der DDR bleibt nach wie vor eine wichtige politische Frage,
- es müssen nach Möglichkeit alle Provokationen an der Staatsgrenze verhindert werden,
- es muß angestrebt werden, daß Grenzdurchbrüche überhaupt nicht zugelassen werden,
- jeder Grenzdurchbruch bringt Schaden für die DDR,
- die Grenzanlagen müssen so angelegt werden, daß sie dem Ansehen der DDR nicht schaden (...),
- überall muß ein einwandfreies Schußfeld gewährleistet werden, (...)
- nach wie vor muß bei Grenzdurchbruchsversuchen von der Schußwaffe rücksichtslos Gebrauch gemacht werden, und es sind die Genossen, die die Schußwaffe erfolgreich angewandt haben, zu belobigen.

Bundesarchiv, Berlin, MZA, VA-01/39503; in: Matthias Judt (Hrsg.), DDR-Geschichte in Dokumenten. Beschlüsse, Berichte, interne Materialien und Alltagszeugnisse. Berlin 1997, S. 468-469

„Normalisierung“ und Verfall

Der DDR-Liedermacher Wolf Biermann bei seinem Auftritt in Köln am 16. November 1976 im Rahmen seiner Tournee duch die Bundesrepublik Deutschland. Aufgrund dieses Konzerts, in dem er angeblich Propaganda gegen die DDR betrieben hatte, wurde er aus dem zweiten deutschen Staat ausgewiesen. Diese Ausweisung Biermanns trug maßgeblich zur Entstehung einer Oppositionsbewegung in der DDR bei.

In den 70er- und 80er-Jahren schien sich die DDR dem Ziel der „sozialistischen Gesellschaft“ zu nähern. Besonders die junge Generation fügte sich in das Leben der DDR ein. Der neue Parteichef Honecker verstärkte in den frühen 70er-Jahren die Sozialpolitik, weitete den Wohnungsbau aus und unterstützte Einrichtungen zur ärztlichen Versorgung von Kranken und zur Betreuung von Kindern und alten Menschen. Als die Staats- und Parteiführung im Herbst 1976 ihre Kulturpolitik verhärtete und z.B. Schriftsteller unterdrückte, wurde jedoch erneut die Unsicherheit des Regimes deutlich. In den 70er-Jahren stiegen zudem die Erdölpreise, und die Mängel der staatlichen Planwirtschaft traten deutlich hervor. Die DDR musste im Sommer 1983 einen „Milliardenkredit“ in Anspruch nehmen, den ihr die Bundesregierung finanzierte. Auch ein noch höherer Kredit westdeutscher Banken im darauffolgenden Jahr wurde durch staatliche Bürgschaften abgesichert.

- Die Ausweitung der politischen Kontrolle durch Spitzel des Ministeriums für Staatssicherheit (MfS) spiegelt die fortdauernde Unsicherheit der SED-Machthaber in der DDR wider. Quellen beleuchten die Aktivität der „Inoffiziellen Mitarbeiter“ (IM) und die Beweggründe ihres Handelns.
- Noch heute wird in den neuen Bundesländern vielerorts die „Jugendweihe“ gefeiert, die nach dem Willen des SED-Regimes seit den späten 50er-Jahren die kirchliche Konfirmation ersetzen sollte. Auf die Kirchen stützte sich auch die Friedens- und Umweltbewegung, die sich in der DDR in dieser Zeit herausbildete und die Alleinherrschaft der SED ablehnte.
- In der Bundesrepublik bildeten sich in den 70er- und 80er-Jahren neue Bürgerrechts- und Umweltgruppen heraus, die den technischen Fortschritt zunehmend in Frage stellten. Zugleich setzte mit der Verbreitung von Computern (PCs) eine schnelle Technisierung des Alltagslebens ein, die bis zur Gegenwart anhält.

Familie in ihrer „Drei-Raum-Wohnung" in Ost-Berlin, 1976. Die Miete betrug 109,75 Mark.

Wohlstandssteigerung

Für das Leben der Menschen in den beiden deutschen Staaten war die Wohlstandssteigerung prägend, die freilich in der DDR hinter der Entwicklung in der Bundesrepublik zurückblieb. Aber auch in Ostdeutschland verbesserte sich die Lebensmittelversorgung. So wurden hier die Bestände an Hühnergeflügel („Broiler") ausgeweitet, um den Geflügelverzehr zu fördern. Die Vorteile, die Erzeugnisse aus Kombinaten Industrielle Mast (KIM) den Verbrauchern boten, wurden in einem Rezeptebuch aus den siebziger Jahren erläutert:

Die industrielle Produktion von Broilerfleisch und Eiern schafft auch im Hinblick auf die Zusammenarbeit mit Industrie und Handel völlig neue Möglichkeiten. So sind den Kombinaten für industrielle Mast Schlachtbetriebe, Eiersortier- und Versandstellen angeschlossen, die eine sofortige Verarbeitung bzw. Verpackung der frischen Ware und Weiterleitung an die Verbraucher ohne Zwischenlagerung ermöglichen.

Diese Vereinigung von Produktion, Verarbeitung und Handel gestattet die Bereitstellung von Geflügelprodukten erstklassiger Qualität und mit hohem Frischegrad. So werden durch KIM nur Vollfrischeier in hygienischer Verpackung angeliefert. Die Anliefe-

GELÖBNIS

Liebe junge Freunde !

Seid ihr bereit, als junge Bürger unserer Deutschen Demokratischen Republik mit uns gemeinsam, getreu der Verfassung, für die große und edle Sache des Sozialismus zu arbeiten und zu kämpfen und das revolutionäre Erbe des Volkes in Ehren zu halten, so antwortet:

JA, DAS GELOBEN WIR !

Seid ihr bereit, als treue Söhne und Töchter unseres Arbeiter-und-Bauern-Staates nach hoher Bildung und Kultur zu streben, Meister eures Faches zu werden, unentwegt zu lernen und all euer Wissen und Können für die Verwirklichung unserer großen humanistischen Ideale einzusetzen, so antwortet:

JA, DAS GELOBEN WIR !

Seid ihr bereit, als würdige Mitglieder der sozialistischen Gemeinschaft stets in kameradschaftlicher Zusammenarbeit, gegenseitiger Achtung und Hilfe zu handeln und euren Weg zum persönlichen Glück immer mit dem Kampf für das Glück des Volkes zu vereinen, so antwortet:

JA, DAS GELOBEN WIR !

Seid ihr bereit, als wahre Patrioten die feste Freundschaft mit der Sowjetunion weiter zu vertiefen, den Bruderbund mit den sozialistischen Ländern zu stärken, im Geiste des proletarischen Internationalismus zu kämpfen, den Frieden zu schützen und den Sozialismus gegen jeden imperialistischen Angriff zu verteidigen, so antwortet:

JA, DAS GELOBEN WIR !

Wir haben euer Gelöbnis vernommen. Ihr habt euch ein hohes und edles Ziel gesetzt. Feierlich nehmen wir euch auf in die große Gemeinschaft des werktätigen Volkes, das unter Führung der Arbeiterklasse und ihrer revolutionären Partei, einig im Willen und Handeln, die entwickelte sozialistische Gesellschaft in der Deutschen Demokratischen Republik errichtet.
Wir übertragen euch eine hohe Verantwortung. Jederzeit werden wir euch mit Rat und Tat helfen, die sozialistische Zukunft schöpferisch zu gestalten.

ZUM FESTTAG DER JUGENDWEIHE WÜNSCHEN WIR DIR

CHRISTIANE FRANKE

ALLES GUTE UND VIEL ERFOLG IN DEINEM KÜNFTIGEN LEBEN UND SCHAFFEN FÜR UNSERE DEUTSCHE DEMOKRATISCHE REPUBLIK

Zwickau, DEN 30. April 1972

Fritzsch Walther

Urkunde, die aus Anlass der Jugendweihe verliehen wurde, 1972

rung mit betriebseigenen Fahrzeugen garantiert kürzeste Wege vom Produzenten zum Verbraucher.

Zu dem breiten Angebot an KIM-Erzeugnissen gehören neben küchenfertig zubereiteten ganzen und halben Broilern auch Teilstücke wie Keulen, Brüste, Geflügelklein, Herzen, Leber, Mägen u. a. In einer zweiten Verarbeitungsstufe werden diverse Geflügelspezialitäten hergestellt. Fachgerechte Verarbeitung und hygienische Verpackung sichern ein Verkaufsprodukt mit hohen Qualitätsei-

Eltern und Sohn bei der Feier zur Jugendweihe in Berlin-Köpenick, 1976

genschaften. Gewichtsangabe und Preisauszeichnung erleichtern dem Kunden den Einkauf.

Ebenso wie mit dem Einzelhandel bestehen mit Spezialgaststätten Direktbeziehungen. Diese Broilergaststätten erfreuen sich bei allen Feinschmeckern größter Beliebtheit. Dank eines gut geschulten Personals, einer gemütlichen Ausstattung und eines leckeren Angebotes entstanden neue gastronomische Anziehungspunkte. In hygienischer Alufolie verpackt, wird der gegrillte Broiler auch über die Straße verkauft.

Aus: Ruth Reiher (Hrsg.), Mit sozialistischen und anderen Grüßen. Porträt einer untergegangenen Republik in Alltagstexten. Berlin 1995, S. 158.

Spitzel der „Stasi“

Das SED-Regime durchdrang weite Bereiche des Alltagslebens in der DDR. So sammelten die „Inoffiziellen Mitarbeiter“ (IM) des Ministeriums für Staatssicherheit (oft „Stasi“ genannt) Informationen über ihre Mitmenschen, damit die Polizeikräfte Widerstand gegen die Herrschenden schon frühzeitig ersticken konnten. Ein IM berichtete 1984 über seine Tätigkeit:

Dann erhielt ich so einen Auftrag, andere Menschen in ihrer Arbeit zu beobachten, ihre Handlungen zu überwachen und zu beurteilen. Man muß Verständnis dafür haben, daß dieses erst einmal einen gewissen Widerspruch mit sich brachte; denn ich sage es heute noch, (...) daß es für mich eines der größten psychologischen Probleme wäre, wenn durch eine Unachtsamkeit der Genossen des MfS ich ins Gerede komme und Freunde und Bekannte mich als einen sogenannten Spitzel betrachten würden. Ich glaube auch, daß selbst meine Familie und vor allem meine Freunde dafür kein Verständnis aufbringen würden. Das führte auch dazu, daß ich über einen langen Zeitraum ganz einfach nicht fertig geworden bin, daß ich Menschen bespitzeln muß und meine Aussage falsch sein könnte, meine Beobachtungen nicht richtig sind, daß ich durch meine Bemerkungen und meine Erkenntnisse Menschen in Schwierigkeiten bringen könnte.

Der Bundesbeauftragte für die Unterlagen des Staatssicherheitsdienstes der ehemaligen Deutschen Demokratischen Republik, ZA, JHS, 13/84, S. 14-15; in: Matthias Judt (Hrsg.), DDR-Geschichte in Dokumenten. Beschlüsse, Berichte, interne Materialien und Alltagszeugnisse. Berlin 1997, S. 476

Gründe für Spitzeltätigkeit

Nach dem Zerfall der SED-Diktatur dachte eine frühere IM, die den Regimekritiker Robert Havemann (1910-1982) bespitzelt hatte, über die Gründe ihres Verhaltens nach:

Was meine Motivation betrifft, so bin ich keine Ausnahme. Was bringt Menschen dazu, das zu tun? Gut, man kann sagen das System, aber das ist nur Blabla. Ich frage mich, was kann ich tun, um damit fertig zu werden? Muß ich ewig mit meiner Schuldenlast rumrennen, mich ängstlich umgucken, wem ich vielleicht begegne? Ich versuche, mich einfach hinzustellen: Hier bin ich, ihr müßt mich annehmen. Aber das ist nur äußerlich. Das halte ich nicht durch. Auf meiner jetzigen Arbeit sind ja auch solche wie ich. Und ich merke bei denen dieselbe Ängstlichkeit, wie ich sie habe. Es geht doch auch nicht, zu sagen, wir hätten das geltende Recht auf unserer Seite gehabt.

Sich damit herauszureden, das wäre dann so wie nach der Nazizeit. Ich habe auch versucht, mich damit herauszureden: Ich habe gehandelt, nach meiner Überzeugung und nach dem geltenden Recht. Aber das trifft heute überhaupt nicht mehr zu. Was nun, wie lebe ich denn jetzt damit? Ich muß mich nicht nur mit meinen alten Überzeugungen befassen, ich muß heute auch davon ausgehen, daß anderes Recht gilt. Ich bin ja während meiner Stasi-Arbeit nicht mal auf die Idee gekommen, bestimmte Dinge, die sie erwartet haben, zu verweigern. Ich hätte ja auch mein eigenes Ding draus machen können. Auf die Idee bin ich überhaupt nicht gekommen. Ich bin nur gelaufen, wie so eine Marionette an der Strippe. Das ärgert mich maßlos.

Irena Kukutz/Katja Havemann, Geschützte Quelle. Gespräche mit Monika H. alias Karin Lenz. Berlin 1990, S. 175; in: Matthias Judt (Hrsg.), DDR-Geschichte in Dokumenten. Beschlüsse, Berichte, interne Materialien und Alltagszeugnisse. Berlin 1997, S. 480-481

Umweltbewegung

In der Bundesrepublik bildete sich in den frühen siebziger Jahren eine Umweltbewegung heraus, die sich ausweitete, besonders gegen Atomkraftwerke protestierte und schließlich zur Bildung der Partei „Die Grünen“ Anfang 1980 führte. Der geplante Bau eines Kernkraftwerks (KKW) in Wyhl (Baden-Württemberg) löste schon 1973 heftige Proteste von Bürgerbewegungen aus und führte so eine breite Antikernkraftbewegung herbei. Ein Gegner der Atomkraft schilderte zwei Jahre später den Verlauf der öffentlichen Erörterung des Baus:

Wyhl ist ein Dorf (ca. 3 000 Einwohner) nördlich vom Kaiserstuhl am Rhein, auf dessen Gemarkung ein Atomkraftwerk gebaut werden soll, mit 4 x 1 300 Megawatt das bisher größte der Welt.

Am 9. und 10. Juli 1973 fand in der Wyhler Festhalle der öffentliche Erörterungstermin in Sachen KKW statt. D. h., die Genehmigungsbehörde (verschiedene Landesministerien) ruft ein letztes Mal zu allen strittigen Fragen die Einsprecher auf, hört ihre Einwände an, erteilt der Gegenseite das Wort zur Widerlegung und bildet sich dann ein Urteil. (...)

Bei dieser letzten großen Veranstaltung, an der alle Beteiligten

Protest der Einwohner von Ketzin (DDR) gegen Giftmüllimporte aus der Bundesrepublik, Januar 1990

anwesend waren, haben viele zum ersten Mal in aller Ausführlichkeit gesehen, wer welche Interessen vertritt.

1. Auf der Bühne, oben, saßen an einem langen Tisch die Regierungsbeamten. In der Mitte, die Regler für alle Mikrofone in Händen, der Abgesandte des Landeswirtschaftsministeriums, Grawe. Er triefte vor Objektivität und Sachlichkeit immer so lange, bis es kritisch wurde. Dann schlug er einem aufgeregten Bauern herablassend vor, er solle doch seine Notizen schriftlich einreichen. Oder er ließ durchblicken, daß er das Gerede der Umweltschützer nur der Form halber erträgt. Oder er schaltete einfach die Saalmikrofone aus. (...)

2. Unter der Bühne saßen nebeneinander aufgereiht die Gutachter für meteorologische, hydrologische, radiologische Fragen usw., Beamte und Professoren, eine ebenfalls neutrale, wertfreie und kompetente Instanz. Komisch nur, daß sie alle hinter dem Schwall wissenschaftlicher Terminologie unisono den gleichen Refrain sangen: Das KKW ist nicht schädlich, im Gegenteil, es wird in jeder Hinsicht segensreich sein. Das Publikum lachte dann, denn ihm war aus unzähligen Veranstaltungen vorher durchaus bekannt, daß diese Gutachter für Bezahlung das Gewünschte abliefern, lügen, und dazu noch schlampig arbeiten. (...)

3. Vorne links im Saal saßen die Vertreter der Betreiber, Kernkraftwerk Süd GmbH (Badenwerkstochter) und der Hersteller, Kraftwerksunion (AEG und Siemens), in Bussen angekarrte Technokraten aus Karlsruhe, Stuttgart und anderswoher, die dann und wann belästigt ans Saalmikrofon traten, um den harthörigen Bauern mal wieder die Zweifel auszureden. (…)

Diese ganze aufgeblasene Blase wurde noch ergänzt durch eine Hundertschaft Bereitschaftspolizei im Keller und „Kripo-Spitzel“, die überall mithören wollten, was gesprochen wurde, selbst wenn man sie wegschickte.

Die Einheitlichkeit dieser KKW-Front machte das Publikum so aggressiv, daß jeder aus dem uneinheitlichen Haufen der Kernkraftwerks-Gegner beklatscht wurde, weil er wenigstens „zu uns“ gehört. (...)

Die Sprecher der Umweltschutzgruppen (Studenten, Professoren, Lehrer, Ärzte) waren dem Publikum ebenfalls bekannt, als Gegenspieler der Technokraten. (…)

Die Sprecher der Bürgerinitiativen aus den verschiedenen Dörfern vertraten am deutlichsten die Meinung des Publikums. Alarmiert durch die Warnungen der Umweltschützer und die Welle von Umweltskandalen, über die in den Medien wenigstens berichtet wird, vertraten sie zunächst ökonomische Interessen. Sie fürchten mit gutem Grund für die Landwirtschaft: die Mais- und Getreidefelder, Obst- und Tabakplantagen, Fischerei; fürs Grundwasser, die Wälder. (...)

Die Sprecher der Bürgerinitiativen sind sehr gut informiert, (…), besser als viele (sonst kritische) Großstädter, die die ganze Bewegung mit Maschinenstürmerei verwechseln. (…)

Das Publikum hat sich in den zwei Tagen Erörterungstermin nicht aufs Zuhören beschränkt. Es revoltierte mit Sprechchören, Zwischenrufen, Pfiffen, wenn die offiziellen Lügen zu unverschämt wurden. Nach arroganten, autoritären Wendungen des Vorsitzenden Grawe brach minutenlang Tumult los. Zum ersten Mal riefen die Leute den lapidaren Sprechchor: „Das KKW wird nicht gebaut!“

Walter Mossmann, „Die Bevölkerung ist hellwach!“; in: Kursbuch 1975, Nr. 39, S. 129 ff.

Umbruch

Der ungarische Außenminister Gyula Horn (rechts) und sein österreichischer Amtskollege Alois Mock (links) zertrennen am 27. Juni 1989 den Stacheldrahtzaun an der Grenze bei Sopron. Mit diesem symbolischen Akt wurden die Grenzsperren aufgehoben.

In den späten 80er-Jahren wurde deutlich, dass die Staats- und Parteiführung die wirtschaftlichen und gesellschaftlichen Probleme in der DDR nicht mehr lösen konnte. Immer mehr Menschen – darunter auch „Parteigenossen" – kritisierten die Mängel im Wirtschaftssystem und die unzureichende Versorgung mit Gütern des alltäglichen Bedarfs. Zugleich strahlte die Reformpolitik, die Michail Gorbatschow (geb. 1931) als Generalsekretär der KPdSU seit 1985 in der Sowjetunion aufnahm, auf die DDR aus. Nachdem die ungarische Regierung die Westgrenze des Landes, an der bereits am 27. Juni 1989 die Absperrung gegenüber Österreich aufgehoben worden war, am 10. September 1989 für DDR-Bürger geöffnet hatte, nahm die Zahl der Flüchtlinge schnell zu. Am 30. September durften 6 000 DDR-Bürger, die in die Botschaft der Bundesrepublik in Prag geflohen waren, nach Westdeutschland ausreisen. Daraufhin weiteten sich die Demonstrationen in der DDR aus, sodass Honecker am 18. Oktober als SED-Generalsekretär durch Egon Krenz (geb. 1937) ersetzt wurde. Nach dem Fall der Berliner Mauer am 9. November zerfiel die Macht der SED weiter, und am 3. Dezember musste die gesamte Parteiführung zurücktreten.

- Bereits im Frühjahr 1989 hatte sich in der Bevölkerung der DDR Unruhe verbreitet, wie der staatliche Freie Deutsche Gewerkschaftsbund (FDGB) in einem Bericht feststellte. Bis zum Oktober steigerte sich die Unzufriedenheit zu einer breiten Protestbewegung.
- Mit seinem Anfang September 1989 veröffentlichten Aufruf verstärkte das „Neue Forum“ die offene Kritik an der SED-Führung. Ebenso wie das „Neue Forum“ forderten andere gesellschaftliche Gruppen eine offene Diskussion über die Probleme in der DDR, so am 18. September bekannte Rockmusiker. In Leipzig setzte sich am 9. Oktober 1989 schließlich der Massenprotest von rund 70.000 Menschen durch, nachdem starke Polizeikräfte nicht eingesetzt worden waren. Die SED-Führung gestand im Oktober/November 1989 zwar Fehler der Partei ein, hielt aber an ihrem Machtanspruch fest.
- Trotz des Führungswechsels von Honecker zu Krenz nahm der Druck auf die SED zu. So demonstrierten in Ost-Berlin am 4. November 1989 rund 400.000 Menschen für Freiheit und Demokratie. Vor allem wurden politische Reformen in der DDR und Reisefreiheit gefordert. Die SED-Führung bereitete deshalb eilig ein neues Reisegesetz vor. In der Nacht vom 9. zum 10. November 1989 wurde schließlich überraschend die Berliner Mauer geöffnet, nachdem der Sekretär des Zentralkomitees der SED für Information, Günter Schabowski (geb. 1929), in einer Pressekonferenz verkündet hatte, dass Anträge auf Reisen ins Ausland ohne Vorbehalte gestellt und Bürger der DDR ab dem folgenden Morgen Visa erhalten könnten.
- Nach der Öffnung der Mauer musste die Bundesregierung auf den Zerfall der SED-Diktatur reagieren. Bundeskanzler Helmut Kohl (geb. 1930), der 1982 Helmut Schmidt (geb. 1918) abgelöst hatte, stimmte am 11. November mit SED-Generalsekretär Krenz in einem Telefongespräch das weitere Vorgehen ab.

Kritik in Betrieben der DDR

In den Betrieben der DDR wurden „Wettbewerbe“ – z.B. zwischen Arbeitsbrigaden – durchführt, um die Produktivität zu steigern. Wegen der Mängel der zentralen Planwirtschaft waren die Bedingungen dabei allerdings ungleich. Die Kritik von Beschäftigten, denen von den Betrieben in der DDR Ferienquartiere und -reisen angeboten wurden, fasste ein Bericht des FDGB im März 1989 zusammen:

Im Zusammenhang mit dem Wettbewerb gab es erneut kritische Bemerkungen zur Kontinuität der Produktion, zur Arbeitsorganisation, der Bereitstellung von Material, der Verbesserung des Transports, der Ersatzteilbereitstellung sowie der Schaffung des notwendigen Bauvorlaufes. Es zeigt sich, daß die Kritik der Mitglieder zur Produktionsorganisation stärker geworden ist.

Immer unduldsamer reagieren die Mitglieder auf die teilweise schleppende Behandlung von Vorhaben für bessere Arbeitsbedingungen, von Neuerervorschlägen, der sozialistischen Gemeinschaftsarbeit, Versäumnissen bei der rechtzeitigen Qualifizierung sowie der schnellen und realen Information über betriebliche Fragen. Die Mitglieder fordern von den staatlichen und gewerkschaftlichen Leitungen, sich stärker dafür einzusetzen, daß Verbesserungen erreicht und damit die Verpflichtungen im sozialistischen Wettbewerb allseitig erfüllt werden können. Zugleich setzen sie sich kritisch mit den Fragen der Auslastung der Arbeitszeit, besonders der Nutzung von Reserven durch eine bessere Arbeitsorganisation und Materialbereitstellung, des Abbaus von beeinflußbaren Warte- und Stillstandszeiten sowie der Überwindung von unentschuldigtem Fehlen bei einigen Mitgliedern auseinander.

Informationen über Inhalt und Verlauf der Wahlversammlungen in den gewerkschaftlichen Grundorganisationen. Beschluß des Sekretariats des Bundesvorstandes des FDGB vom 8. März 1989; in: Wolfgang Eckelmann u. a. (Hrsg.), FDGB-intern. Innenansichten einer Massenorganisation der SED. Berlin 1990, S. 223 ff.

Aufruf des „Neuen Forum“

In der DDR hatte sich seit den frühen 80er-Jahren eine Friedens- und Umweltbewegung herausgebildet. Die Gruppen waren unabhängig von der SED, forderten zunehmend auch die Einhaltung von Menschenrechten und entfalteten sich vielfach in Kirchen oder kirchlichen Organisationen. Aus dieser Reformbewegung ging das „Neue Forum“ hervor, das am 10. September 1989 seinen Gründungsaufruf veröffentlichte:

In unserem Land ist die Kommunikation zwischen Staat und Gesellschaft offensichtlich gestört. Belege dafür sind die weitverbreitete Verdrossenheit bis hin zum Rückzug in die private Nische oder zur massenhaften Auswanderung. Fluchtbewegungen diesen Ausmaßes sind anderswo durch Not, Hunger und Gewalt verursacht. Davon kann bei uns keine Rede sein. Die gestörte Beziehung zwischen Staat und Gesellschaft lähmt die schöpferischen Potenzen unserer Gesellschaft und behindert die Lösung der anstehenden lokalen und globalen Aufgaben. (...)

In Staat und Wirtschaft funktioniert der Interessenausgleich zwischen den Gruppen und Schichten nur mangelhaft. Auch die Kommunikation über die Situation und Interessenlage ist gehemmt.

Gedenkgottesdienst für die am 17. Januar 1988 inhaftierten Demonstranten in der Ost-Berliner Gethsemane-Kirche. Bei den Demonstranten handelte es sich um Mitglieder unabhängiger Umwelt-, Friedens- und Menschenrechtsgruppen.

Im privaten Kreis sagt jeder leichthin, wie seine Diagnose lautet und nennt die wichtigsten Maßnahmen. Aber die Wünsche und Bestrebungen sind sehr verschieden und werden nicht rational gegeneinander gewichtet und auf Durchführbarkeit untersucht. (...) Um all diese Widersprüche zu erkennen, Meinungen und Argumente dazu anzuhören und zu bewerten, allgemeine von Sonderinteressen zu unterscheiden, bedarf es eines demokratischen Dialogs über die Aufgaben des Rechtsstaates, der Wirtschaft und Kultur. *Über diese Fragen müssen wir in aller Öffentlichkeit, gemeinsam und im ganzen Land nachdenken und miteinander sprechen. Von der Bereitschaft und dem Wollen dazu wird es abhängen, ob wir (...) Wege aus der gegenwärtigen krisenhaften Situation finden. (...) Wir bilden deshalb gemeinsam eine politische Plattform FÜR DIE GANZE DDR, die es den Menschen aus allen Berufen, Lebenskreisen, Parteien und Gruppen möglich macht, sich an der Diskussion und Bearbeitung lebenswichtiger Gesellschaftsprobleme in diesem Land zu beteiligen. Für eine solche übergreifende Initiative wählen wir den Namen NEUES FORUM. (...) Allen Bestrebungen, denen das NEUE FORUM Ausdruck und Stimme verleihen will, liegt der Wunsch nach Gerechtigkeit, Demokratie und Frieden sowie Schutz und Bewahrung der Natur zugrunde. (...) Wir rufen alle Bürger und Bürgerinnen der DDR, die an der Umgestaltung unserer Gesellschaft mitwirken wollen, auf, Mitglieder des NEUEN FORUMS zu werden. Die Zeit ist reif.*

Nach dem Original-Flugblatt; in: Andreas Grünberg, „Wir sind das Volk!" Der Weg der DDR zur deutschen Einheit. Stuttgart 1990, S. 24-25

Leipzig, 9. Oktober 1989

Ende September und Anfang Oktober 1989 weiteten sich die Proteste und Demonstrationen in der DDR weiter aus. Dennoch feierte die SED-Führung am 6. und 7. Oktober 1989 den 40. Jahrestag der DDR-Gründung. Zwei Tage später wurde in Leipzig offenbar nur knapp verhindert, dass Truppen der Volkspolizei (VP) gegen Demonstranten vorgingen. Über die Ereignisse am 9. Oktober 1989 in Leipzig berichtet ein Augenzeuge:

Leipzig glich an diesem Tage einem Heerlager. Nach späteren Aussagen von Bereitschaftspolizisten war ihnen vormittags mitge-

100 000 bis 120 000 Menschen demonstrieren am 16. Oktober 1989 in Leipzig auf der zur Tradition gewordenen „Montagsdemonstration".

teilt worden, daß ein friedlicher Ausgang der Demonstration wenig wahrscheinlich sei und sie vorbereitet sein müßten, möglichen Gewalttätigkeiten zu begegnen. Dementsprechend trugen sie Kampfausrüstung: Helme mit Visier und Nackenschutz, Schilde, Gasmasken (Tränengas war in großen Mengen herangeschafft worden), Schlagstöcke und sogenannte RWKs (Reizwurfkörper); Offiziere waren mit Pistolen bewaffnet, auch Hundestaffeln eingesetzt. Auf dem Hof der VP-Bezirksbehörde standen „aufmunitionierte" Schützenpanzerwagen bereit, die tonnenschweren Stahlkolosse ausgerüstet mit Räumschildern, die Fahrer mit MP und je sechzig Schuß Munition. Die Polizeitruppe zählte insgesamt dreitausend Mann, davon zwölfhundert zur Verstärkung aus den Bezirken Halle und Neubrandenburg herbeibeordert. Hinzu kamen noch fünf Hundertschaften von Betriebskampfgruppen sowie eine sicher vierstellige Anzahl von Einsatzkräften des Ministeriums für Staatssicherheit, dessen Arsenale nicht nur Handfeuerwaffen bargen. (...)

In der Nikolaikirche und in drei weiteren Gotteshäusern wurde während der Friedensgebete ein von sechs Persönlichkeiten der Stadt getragener Aufruf zur Besonnenheit verlesen: „Unsere gemeinsame Sorge und Verantwortung haben uns heute zusammengeführt. Wir sind von der Entwicklung in unserer Stadt betroffen und suchen nach einer Lösung. Wir alle brauchen einen freien Meinungsaustausch über die Weiterführung des Sozialismus in unserem Land. Deshalb versprechen die Genannten heute allen Bürgern, ihre ganze Kraft und Autorität dafür einzusetzen, daß dieser Dialog nicht nur im Bezirk Leipzig, sondern auch mit unserer Regierung geführt wird." (...)

Die engagierte wie couragierte Wortmeldung hat unzweifelhaft beigetragen zum friedlichen Verlauf dieses Tages, ohne jedoch die voreilig bescheinigte entscheidende Rolle gespielt zu haben. Einzig die geballte Kraft der siebzigtausend angsterfüllten und dennoch nicht weichenden Menschen in der Innenstadt und auf dem Ring erzwang um 18.25 Uhr den endgültigen Rückzug der bewaffneten Einheiten. Jene Namenlosen meinte wohl Christoph Hein, als er vorschlug, Leipzig zur „Heldenstadt der DDR" zu ernennen.

An diesem Leipziger 9. Oktober siegte die Deutsche Demokratische Revolution 1989. An jenem Montag nämlich wurde der Ruf „Wir sind das Volk!" zur materiellen Gewalt, die fortan alle zögerlichen Zugeständnisse von Partei und Regierung bewirkte und beschleunigte.

Wolfgang Schneider; in: Leipziger Demontagebuch. Leipzig 1990, S. 7-8

Abwendung von der SED

Im Oktober kritisierte die Bevölkerung der DDR offen die Politik der SED. Die Stimmung hielt ein Informationsbericht des Ministeriums für Staatssicherheit am 16. Oktober 1989 fest:

In (...) Meinungsäußerungen (aus der Bevölkerung) haben äußerst kritische Auffassungen an Umfang und Intensität zugenommen über die Wahrnehmung der Verantwortung der führenden Rolle durch die SED, darunter direkte Angriffe auf die Partei- und Staatsführung der DDR. Vor allem Personen aus dem Bereich Kunst und Kultur, Angehörige der Intelligenz und Studenten, anwachsend aber auch Arbeiter und andere Werktätige (...), darunter langjährige Mitglieder der SED und andere progressive Kräfte sowie Mitglieder und Funktionäre befreundeter Parteien, treten in diesem Sinne auf. Die Verantwortung für die innenpolitische Lagezuspitzung in der DDR wird (...) weitestgehend der Parteiführung der SED angelastet. (...)

Zahlreiche Mitarbeiter zentraler (...) Organe, Mitglieder und Funktionäre der SED erklären, nicht mehr zu akzeptieren, daß es im realen Sozialismus in der DDR Massenfluchten, Mangelerscheinungen, ökonomische Stagnation, offene Unzufriedenheit unter der Bevölkerung sowie (eine) lebensfremde Medienpolitik gäbe. (...) In vielen Aussprachen (...) wird darüber hinaus gefordert, ab sofort mit der Schönfärberei und selbstherrlichen Darstellungen Schluß zu machen. (...) Die (...) in den (Medien präsentierten) ausschließlich positiven Planbilanzen werden (...) als Volksverdummung bezeichnet.

Deutschland-Archiv, Heft 4/1990, S. 617-618; in: Matthias Judt (Hrsg.), DDR-Geschichte in Dokumenten. Beschlüsse, Berichte, interne Materialien und Alltagszeugnisse. Berlin 1997, S. 531-532

„Wir sind über die Mauer geklettert"

Nach der Ankündigung Schabowskis zur neuen Reiseregelung, der nur eine Vorlage, aber kein gültiger Beschluss der DDR-Regierung zugrunde lag, drängten Ost-Berliner an die Mauer. Die von den neuen Bestimmungen für Reisen nicht informierten Grenzposten öffneten daraufhin

Nach der Grenzöffnung am 9. November 1989 in der Bornholmer Straße in Berlin

die Absperrungen. Die überraschende Öffnung der Mauer nach mehr als 28 Jahren löste in den beiden deutschen Staaten und darüber hinaus großen Jubel aus.

Bericht über die Maueröffnung vom 11. November 1989

(...) Am Grenzübergang Invalidenstraße herrscht schon das totale Chaos. Quer geparkt, ausgestiegen, zur Grenze gerannt. Der Richtfunksendemast des Senders Freies Berlin steht schon mitten im Menschengewühl (West) – Warten auf den Druchbruch (Ost). Nach drei Sekunden klatscht auch schon der hartgesottenste Redakteur dem erstbesten Trabi zu. Der Taumel erwischt jede, ob sie will oder nicht. Auch die Nüchternsten klatschen, kreischen, stöhnen,

Demonstrant in Leipzig, 1989. Der Händedruck bezieht sich auf das Parteisymbol der SED.

kichern. Einige schaffen es, unter den Augen der Grenzer Richtung Osten über verschiedene Absperrschranken zu klettern. Aber ganz rüber geht jetzt noch nicht, noch gelten Visumpflicht und Zwangsumtausch.

Auf halber Strecke zwischen Ost und West stehen die DDRler brav Schlange, warten, bis sie aufgerufen werden. Stempel: „Sie können gehen." „Was denn, das glaub' ich nicht." Manche müssen in den Westen geschoben werden: „Ich soll jetzt rüber. Aber wohin? Ich habe ja keinen Pfennig in der Tasche." Viele haben immer noch Angst, daß sie nicht zurück können.

Indessen brüllt's aus dem Westen: „Wir wollen rein!" Für einen Moment wendet sich das Interesse westwärts: Bürgermeister Momper ist in der Masse zu erkennen. Blitzlichter, Mikrophone, Kameras. Dann gibt es kein Halten mehr, der Westpulk schiebt weiter gen Osten. Ungefähr um ein Uhr fangen sie an zu rennen. Eine Handvoll Grenzer grenzt ihre Grenze ab. Tore auf, Schlagbaum hoch. Hier ist Osten.

Westler, illegal und ohne Ausweis im Bezirk Mitte, immer noch bereit, im Notfall sofort die Hände hochzunehmen. Doch jenseits der Grenze beginnt das Verwirrspiel, wer ist Ost, wer ist West? Die drängenden Gruppen auf dem Bürgersteig längs der Invalidenstraße bewegen sich in beide Richtungen. (...)

„Tageszeitung" vom 11. November 1989, in: Informationen zur politischen Bildung 250, 1. Quartal 1996: Der Weg der Einheit. Deutschland seit Mitte der achtziger Jahre, S. 23.

Gespräch Kohl – Krenz

Nach der Öffnung der Grenze fürchteten die Regierungen der Bundesrepublik und der DDR ebenso wie der sowjetische Staats- und Parteichef Gorbatschow, dass die Lage an der innerdeutschen Grenze außer Kontrolle geraten könnte. Am 11. November 1989 führten deshalb Bundeskanzler Kohl und der Staatsratvorsitzende Krenz von 10.10 bis 10.25 Uhr ein Telefongespräch:

Staatsratsvorsitzender Krenz begrüßte den Bundeskanzler. (...)

Der Bundeskanzler erwiderte die Grüße des Staatsratsvorsitzenden und unterstrich die besondere Bedeutung der Entscheidung der DDR-Führung, die Grenzen zu öffnen. Diese Entscheidung des Staatsratsvorsitzenden begrüße er sehr. Dies freue ihn sehr, erwiderte der Staatsratsvorsitzende.

Der *Bundeskanzler* unterstrich, daß diese Entscheidung sehr zur Verbesserung der Atmosphäre beitrage. Es sei nicht das Ziel der Bundesregierung und auch nicht sein persönliches Ziel, daß möglichst viele Menschen die DDR verlassen würden. Sein Wunsch sei es, daß die Menschen in ihrer Heimat blieben, jedoch jederzeit reisen dürften.

Herr Krenz sei sicherlich seiner Auffassung, daß sie jetzt vor einem wichtigen Zeitabschnitt stünden, der von beiden Seiten viel Vernunft, Besonnenheit, aber auch Gelassenheit erfordere. (...)

Staatsratsvorsitzender Krenz bedankte sich beim Bundeskanzler für die hohe Einschätzung der Entscheidung über den freien Reiseverkehr. Diese Entscheidung dokumentiere die Politik der Erneuerung, die jetzt in der DDR eingeleitet worden sei. (...) Man sei sich sicher darüber einig, daß die Grenzen blieben, jedoch jetzt durchlässiger würden. Sie hätten viele Vorschläge vorbereitet und seien dabei, zusätzliche Übergänge zu öffnen.

Er sei sehr dafür, daß jetzt bestimmte Emotionen ausgeräumt würden, die mit der Absicht geschürt würden, über Nacht alles abschaffen zu wollen. Die Grenzen blieben bestehen und würden nicht abgeschafft werden. Er sei deshalb sehr dankbar, wenn der Herr Bundeskanzler zur Beruhigung beitrage. (...)

Er *(Krenz)* sei sich sicherlich mit dem Bundeskanzler absolut darin einig, daß gegenwärtig die Wiedervereinigung nicht auf der politischen Tagesordnung stünde.

Der *Bundeskanzler* erwiderte, daß in diesem Punkt ihr Verständnis auseinanderginge. Er sei auf das Grundgesetz vereidigt und habe in dieser Frage sicherlich eine andere Grundauffassung als der Staatsratsvorsitzende. Die Wiedervereinigung beschäftige uns jedoch im Augenblick nicht am meisten.

Dokumente zur Deutschlandpolitik. Deutsche Einheit. Sonderedition aus den Akten des Bundeskanzleramtes 1989/90, bearbeitet von Hanns Jürgen Küsters/ Daniel Hoffmann. München 1998, S. 513-514

„Sie lebt, mes amis!"
Karikatur, 1989

Die dargestellten Personen sind die damaligen (1989) Regierungschefs der Siegermächte des Zweiten Weltkriegs (von links):der französische Staatspräsident François Mitterand, die britische Premierministerin Margaret Thatcher, der US-Präsident George Bush und der sowjetische Staats- und Parteichef Michail Gorbatschow. Mitterand und Thatcher standen der deutschen Wiedervereinigung sehr kritisch gegenüber.

(Wieder-)Vereinigung

Am 28. November 1989 legte Bundeskanzler Kohl dem Bundestag einen Zehn-Punkte-Plan vor, nach dem eine Föderation (bundesstaatliche Ordnung) zwischen DDR und Bundesrepublik entwickelt werden sollte. Bei einem Gespräch in Dresden verabredeten Kohl und der neue Ministerpräsident der DDR, Hans Modrow (geb. 1928), am 19. Dezember aber nur eine Vertragsgemeinschaft zwischen den beiden deutschen Staaten. Schon zuvor hatten sich die Parteien und Oppositionsgruppen in der DDR zu einem „Runden Tisch" versammelt, um gemeinsam über die politische Neuordnung zu beraten. Das Konzept, zunächst einschneidende innenpolitische Reformen durchzuführen, wurde Ende 1989 und Anfang 1990 zunehmend von der Forderung nach einer schnellen Wiedervereinigung überlagert. In den Volkskammerwahlen, die in der DDR am 18. März 1990 abgehalten wurden, erhielt die „Allianz für Deutschland", die eine Verschmelzung der beiden deutschen Staaten befürwortet hatte, die relative Mehrheit der Stimmen. Nach schwierigen Verhandlungen vollzog sich die Vereinigung Deutschlands schließlich am 3. Oktober 1990 als Beitritt der DDR zur Bundesrepublik nach Artikel 23 des Grundgesetzes.

- Die innenpolitischen Auseinandersetzungen über die Vereinigung Deutschlands begannen in der DDR im Dezember 1989. Dabei sprachen sich viele Studenten und Intellektuelle gegen den Zusammenschluss mit der Bundesrepublik aus. Der fortschreitende wirtschaftliche Niedergang der DDR und die anhaltende Abwanderung aus dem zweiten deutschen Staat entzogen jedoch diesen Forderungen die Grundlage. Nachdem die Parteien, die die Einheit Deutschland befürworteten, die Volkskammerwahlen vom 18. März 1990 gewonnen hatten und der CDU-Politiker Lothar de Maizière (geb. 1940) am 12. April 1990 zum neuen Ministerpräsidenten der DDR gewählt worden war, konnten die Verhandlungen über die Wirtschafts- und Währungsunion zwischen den beiden deutschen Staaten beschleunigt werden. Der Umtausch von DDR-Mark in DM ab 1. Juli 1990, der mit dem Staatsvertrag über die Einführung der Wirtschafts-, Währungs- und Sozialunion vom 18. Mai möglich wurde, war nicht nur ein wichtiger Schritt auf dem Weg zur deutschen Einheit, sondern veränderte auch grundlegend das Leben der DDR-Bürger. Während das Angebot an Waren und Dienstleistungen sprunghaft wuchs und so die langen Wartezeiten auf Güter entfielen, nahmen auch die Arbeitslosigkeit und die Neuverschuldung der öffentlichen Haushalte schnell zu. Überdies löste die Überführung staatlichen Eigentums (Unternehmen und Land) in Privateigentum anhaltende Konflikte über diese Vermögenswerte aus.
- Außenpolitisch wurde die Vereinigung besonders von den Verhandlungen abgesichert, die im Frühjahr 1990 von den beiden deutschen Regierungen mit den vier alliierten Mächten aufgenommen wurden („Zwei-Plus-Vier-Verhandlungen"). Schon am 10. Februar 1990 hatte der sowjetische Präsident Michail Gorbatschow der Vereinigung Deutschlands zugestimmt, und am 16. Juli willigte

er schließlich in den Beitritt des vereinigten Deutschlands zur NATO ein. Die Presseerklärung vermittelt Einblicke in die Verhandlungen.

- Den Abschluss der Vereinigung von Bundesrepublik Deutschland und DDR bildeten der Einigungsvertrag vom 31. August 1990 und der „Zwei-Plus-Vier-Vertrag" vom 12. September 1990. Die Rechts- und Verfassungsordnung der Bundesrepublik wurde weitgehend auf die DDR übertragen. Das vereinigte Deutschland erkannte die Westgrenze Polens an Oder und Neiße an und erhielt die Hoheitsgewalt über seine Innen- und Außenpolitik.

Studenten gegen die Wiedervereinigung

Mitte Dezember 1989 wurde in der DDR statt der Parole „Wir sind das Volk" zunehmend der Ruf „Wir sind ein Volk" laut. Als Bundeskanzler Kohl am 19. Dezember 1989 in Dresden zu einem Gespräch mit dem DDR-Ministerpräsidenten Modrow zusammentraf, feierten ihn DDR-Bürger mit Deutschlandfahnen. In Berlin verteilten Studenten gleichzeitig ein Flugblatt gegen die Vereinigung der DDR mit der Bundesrepublik:

Wollt ihr die Bananenrepublik?

Habt Ihr das Recht auf Mitbestimmung in Euren Betrieben gefordert, um von Daimler-Benz, Springer und Krupp entlassen zu werden?

Habt Ihr das Machtmonopol der SED gebrochen, um Euch von der Macht der Monopole regieren zu lassen?

Macht Ihr der Politbürokratie die Privilegien streitig, um sie anderen zu geben?

Habt Ihr der Stasi den Laufpaß gegeben, um Euch den Verfassungsschutz ins Land zu holen?

Wollt ihr die Warteschlangen vor den Läden gegen Warteschlangen vor den Arbeits- und Sozialämtern eintauschen?

Wollt Ihr in Zukunft Euren Wohlstand auf Kosten der Dritten Welt aufbauen? (...)

Beginnt Ihr Umweltbewußtsein zu entwickeln, um es in Plastiktüten zu ersticken?

Aufruf, DDR-Produkte zu kaufen (1990). Die Euphorie bei der Wiedervereinigung führte am Anfang dazu, dass mehr West- als Ostprodukte gekauft wurden. Da auch die Märkte für DDR-Produkte in Osteuropa zusammenbrachen, bildete sich eine Wirtschaftskrise heraus.

Wollt Ihr Mietwucher und Obdachlosigkeit auch hier?

Seid Ihr auf die Straße gegangen, um Euch jetzt BRDigen zu lassen?

WIR NICHT!

(...)

Für den Erhalt der Souveränität der DDR!

Gegen Ausverkauf und Wiedervereinigung!

Aus: Andreas Grünberg, „Wir sind das Volk!" Der Weg der DDR zur deutschen Einheit. Stuttgart 1990, S. 86-87

Gorbatschow stimmt Vereinigung zu

Eine wirtschaftliche und politische Stabilisierung der DDR wurde Anfang 1990 immer unwahrscheinlicher. Drei Tage nach der Bildung eines Kabinettsausschusses „Deutsche Einheit" durch die Bundesregierung gestand Gorbatschow Bundeskanzler Kohl in einem Gespräch am 10. Februar 1990 zu, dass über eine Wiedervereinigung vorrangig die beiden deutschen Staaten entscheiden sollten. Nach der Unterredung verlas Kohl vor Pressevertretern folgende Erklärung:

Meine Damen und Herren,

ich habe heute Abend an alle Deutschen eine einzige Botschaft zu übermitteln. Generalsekretär Gorbatschow und ich stimmen darin überein, dass es das alleinige Recht des deutschen Volkes ist, die Entscheidung zu treffen, ob es in einem Staat zusammenleben will.

Generalsekretär Gorbatschow hat mir unmissverständlich zugesagt, dass die Sowjetunion die Entscheidung der Deutschen, in einem Staat zu leben, respektieren wird; und dass es Sache der Deutschen ist, den Zeitpunkt und den Weg der Einigung selbst zu bestimmen.

Generalsekretär Gorbatschow und ich waren uns ebenfalls einig, dass die deutsche Frage nur auf der Grundlage der Realitäten zu lösen ist: d. h. sie muss eingebettet sein in die gesamteuropäische Architektur und in den Gesamtprozess der West-Ost-Beziehungen. Wir müssen die berechtigten Interessen unserer Nachbarn und unserer Freunde und Partner in Europa und in der Welt berücksichtigen.

Es liegt jetzt an uns Deutschen in der Bundesrepublik und in der DDR, dass wir diesen gemeinsamen Weg mit Augenmaß und Entschlossenheit gehen.

Generalsekretär Gorbatschow und ich haben ausführlich darüber gesprochen, dass auf dem Wege zur deutschen Einheit die Fragen der Sicherheit in Europa herausragende Bedeutung haben. Wir wollen die Frage der unterschiedlichen Bündniszugehörigkeit in enger Abstimmung auch mit unseren Freunden in Washington, Paris und London sorgfältig beraten und gemeinsam eine Lösung finden.

Ich danke Generalsekretär Gorbatschow, dass er dieses historische Ergebnis ermöglicht hat.

Dokumente zur Deutschlandpolitik. Deutsche Einheit. Sonderedition aus den Akten des Bundeskanzleramtes 1989/90, bearbeitet von Hanns Jürgen Küsters/ Daniel Hoffmann. München 1998, S. 812-813

Außenministerkonferenz in Ottawa/Kanada

Nach der Übereinkunft, die Bundeskanzler Kohl und der sowjetische Staats- und Parteichef Gorbatschow in Moskau am 10. Februar 1990 erzielt hatten, stand die deutsche Frage wieder auf der Tagesordnung der

Weltpolitik. Frankreich und Großbritannien meldeten unverzüglich ihren Anspruch an. Sie wollten an den Verhandlungen über die außenpolitische Absicherung der Vereinigung Deutschlands zunächst ausschließlich die vier Siegermächte des Zweiten Weltkrieges beteiligt sehen. Es gelang den Vereinigten Staaten jedoch, ihr Konzept durchzusetzen. Auf der Konferenz von Ottawa am 13. Februar 1990 nahmen die Außenminister der vier Mächte und die der beiden deutschen Staaten teil („Zwei-Plus-Vier-Verhandlungen"). Die Abschlusserklärung legte das weitere Verfahren fest:

Die Außenminister der Bundesrepublik Deutschland, der Deutschen Demokratischen Republik, Frankreichs, des Vereinigten Königreichs, der Sowjetunion und der Vereinigten Staaten führten Gespräche in Ottawa.

Sie vereinbarten, daß sich die Außenminister der Bundesrepublik Deutschland und der Deutschen Demokratischen Republik mit den Außenministern Frankreichs, des Vereinigten Königreichs, der Sowjetunion und der Vereinigten Staaten treffen werden, um die äußeren Aspekte der Herstellung der deutschen Einheit, einschließlich der Fragen der Sicherheit der Nachbarstaaten, zu besprechen.

Vorbereitende Gespräche auf Beamtenebene werden in Kürze aufgenommen.

Ingo von Münch (Hrsg.), Dokumente der Wiedervereinigung Deutschlands. Stuttgart 1991, S. 84

Gespräch Kohl-Gorbatschow in Archys

Als sich die Vereinigung Deutschlands abzeichnete, musste mit der Sowjetunion auch eine Übereinkunft über die Zugehörigkeit zur NATO und die Stationierung von Truppen dieses Militärpaktes auf dem Gebiet der DDR und über die Rückführung sowjetischen Truppen aus Ostdeutschland erzielt werden. Gorbatschow, Kohl und Bundesaußenminister Genscher sprachen darüber am 16. Juli 1990 in Archys im Kaukasus, wo Gorbatschow aufgewachsen war:

Der *Bundeskanzler* schneidet das Thema der Verhandlungen 2 + 4 an. Zentrales Ziel sei die volle Souveränität ohne jede Einschränkung für das wiedervereinigte Deutschland. Dazu seien eine Reihe von Themen zu besprechen. Zu nennen sei z.B. das Verhältnis zu Polen, d.h. die Anerkennung der Grenze. (...)

Präsident Gorbatschow stellt fest, (daß) das neue Deutschland (...) aus der heutigen DDR, der Bundesrepublik und Berlin bestehen und auch einen Verzicht auf ABC-Waffen aussprechen (werde). (...) *BM (Bundesaußenminister) Genscher* bemerkt, in dem abschließenden Dokument müsse festgestellt werden, daß Deutschland das Recht habe, sich einem Bündnis seiner Wahl anzuschließen. Es sei klar, daß dies die NATO sein werde. (...)

Präsident Gorbatschow bezeichnet als nächsten wichtigen Punkt die Zusicherung, daß die Strukturen der NATO nicht auf DDR-Gebiet erstreckt werden, solange dort sowjetische Truppen stationiert seien. Es sei für ihn dann leichter, in der Sowjetunion Verständnis dafür zu finden, daß das vereinigte Deutschland (...) in der NATO bleibe. (...)

BM Genscher faßt zusammen: Mit der Wiedervereinigung Deutschlands ist das vereinigte Deutschland voll souverän. Es erfolge keine Ausdehnung der Strukturen der NATO auf das Gebiet der heutigen DDR, solange die sowjetischen Streitkräfte dort weilten. Über die Dauer des Aufenthalts dieser Streitkräfte und andere damit zusammenhängende Fragen werde ein bilateraler *(zweiseitiger)* Vertrag zwischen dem vereinigten Deutschland und der Sowjetunion abgeschlossen. (...) Was ganz Berlin angehe, so sollten die dort stationierten Streitkräfte der Vier Mächte nach Herstellung der deutschen Souveränität ebenfalls auf der Grundlage bilateraler Vereinbarungen für die Dauer der Anwesenheit der sowjetischen Streitkräfte auf dem Gebiet der heutigen DDR dort bleiben. (...)

Präsident Gorbatschow erklärt sich mit dieser Zusammenfassung einverstanden.

Dokumente zur Deutschlandpolitik. Deutsche Einheit. Sonderedition aus den Akten des Bundeskanzleramtes 1989/90, bearbeitet von Hanns Jürgen Küsters/Daniel Hofmann. München 1998, S. 1356-1359

Der „Zwei-Plus-Vier-Vertrag"

Die „Zwei-Plus-Vier-Verhandlungen" (zwischen den beiden deutschen Außenministern und den Außenministern der vier Mächte), die auf der

Konferenz von Ottawa am 13. Februar beschlossen worden waren, mündeten in den „Vertrag über die abschließende Regelung in bezug auf Deutschland" („Zwei-Plus-Vier-Vertrag"), der am 12. September 1990 von den Außenministern der Bundesrepublik, der DDR, Großbritanniens, Frankreichs, der Vereinigten Staaten und der Sowjetunion in Moskau unterzeichnet wurde:

Die Bundesrepublik Deutschland, die Deutsche Demokratische Republik, die Französische Republik, das Vereinigte Königreich Großbritannien und Nordirland, die Union der Sozialistischen Sowjetrepubliken und die Vereinigten Staaten von Amerika sind wie folgt übereingekommen:

Artikel 1

(1) Das vereinte Deutschland wird die Gebiete der Bundesrepublik Deutschland, der Deutschen Demokratischen Republik und ganz Berlins umfassen. Seine Außengrenzen werden die Grenzen der Deutschen Demokratischen Republik und der Bundesrepublik Deutschland sein und werden am Tage des Inkrafttretens dieses Vertrags endgültig sein. Die Bestätigung des endgültigen Charakters der Grenzen des vereinten Deutschland ist ein wesentlicher Bestandteil der Friedensordnung in Europa.

(2) Das vereinte Deutschland und die Republik Polen bestätigen die zwischen ihnen bestehende Grenze in einem völkerrechtlich verbindlichen Vertrag.

(3) Das vereinte Deutschland hat keinerlei Gebietsansprüche gegen andere Staaten und wird solche auch nicht in Zukunft erheben. (...)

Artikel 2

Die Regierungen der Bundesrepublik Deutschland und der Deutschen Demokratischen Republik bekräftigen ihre Erklärungen, daß von deutschem Boden nur Frieden ausgehen wird. (...)

Artikel 7

(1) Die Französische Republik, das Vereinigte Königreich Großbritanniens und Nordirland, die Union der Sozialistischen Sowjetrepubliken und die Vereinigten Staaten von Amerika beenden

Am 31. August 1990 wurde der „Einheitsvertrag" von den Verhandlungsführern Wolfgang Schäuble (links) und Günther Krause (rechts) im Ost-Berliner Kronprinzenpalais unterzeichnet. In der Mitte (links neben Krause stehend) ist der damalige DDR-Ministerpräsident Lothar de Mazière zu sehen.

hiermit ihre Rechte und Verantwortlichkeiten in Bezug auf Berlin und Deutschland als Ganzes. Als Ergebnis werden die entsprechenden damit zusammenhängenden vierseitigen Vereinbarungen, Beschlüsse und Praktiken beendet und alle entsprechenden Einrichtungen der Vier Mächte aufgelöst.

(2) Das vereinte Deutschland hat demgemäß volle Souveränität über seine inneren und äußeren Angelegenheiten. (…)

Zu Urkund dessen haben die unterzeichneten, hierzu gehörig Bevollmächtigten diesen Vertrag unterschrieben.

Geschehen zu Moskau am 12. September 1990

Ingo von Münch (Hrsg.), Dokumente der Wiedervereinigung Deutschlands. Stuttgart 1991, S. 372-377

„Einigungsvertrag"

DDR-Ministerpräsident Lothar de Maizière stimmte am 12. April 1990 dem Beitritt der DDR zur Bundesrepublik nach Artikel 23 des

Grundgesetzes zu. Nachdem der Bundestag und die Volkskammer der DDR am 21. Juni den Vertrag über die Währungs-, Wirtschafts- und Sozialunion gebilligt hatten und die wirtschaftliche Einheit Deutschlands am 1. Juli hergestellt worden war, begannen am 6. Juli 1990 die Verhandlungen über den „Einigungsvertrag". Am 31. August 1990 unterzeichneten Bundesinnenminister Wolfgang Schäuble (geb. 1942) und der parlamentarische Staatssekretär beim DDR-Ministerpräsidenten Günther Krause (geb. 1953) schließlich den „Vertrag zwischen der Bundesrepublik Deutschland und der Deutschen Demokratischen Republik über die Herstellung der Einheit Deutschlands" („Einigungsvertrag"), aus dem hier Auszüge abgedruckt werden:

Die Bundesrepublik Deutschland und die Deutsche Demokratische Republik (...) sind übereingekommen, einen Vertrag über die Herstellung der Einheit Deutschlands mit den nachfolgenden Bestimmungen zu schließen:

Kapitel I Wirkung des Beitritts

Artikel 1 Länder

(1) Mit dem Wirksamwerden des Beitritts der Deutschen Demokratischen Republik zur Bundesrepublik Deutschland gemäß Artikel 23 des Grundgesetzes am 3. Oktober 1990 werden die Länder Brandenburg, Mecklenburg-Vorpommern, Sachsen, Sachsen-Anhalt und Thüringen Länder der Bundesrepublik Deutschland. (...)

(2) Die 23 Bezirke von Berlin bilden das Land Berlin.

Artikel 2 Hauptstadt, Tag der Deutschen Einheit

(1) Hauptstadt Deutschlands ist Berlin. Die Frage des Sitzes von Parlament und Regierung wird nach der Herstellung der Einheit Deutschlands entschieden.

(2) Der 3. Oktober ist als Tag der Deutschen Einheit gesetzlicher Feiertag.

Kapitel II Grundgesetz

Artikel 3 Inkrafttreten des Grundgesetzes

Mit dem Wirksamwerden des Beitritts tritt das Grundgesetz für die Bundesrepublik Deutschland (...) in den Ländern Brandenburg, Mecklenburg-Vorpommern, Sachsen, Sachsen-Anhalt und Thüringen sowie in dem Teil des Landes Berlin, in dem es bisher nicht galt, mit den sich aus Artikel 4 ergebenden Änderungen in Kraft, soweit in diesem Vertrag nichts anderes bestimmt ist. (…)

Kapitel III Rechtsangleichung
Artikel 8 Überleitung von Bundesrecht
Mit dem Wirksamwerden des Beitritts tritt in dem in Artikel 3 genannten Gebiet Bundesrecht in Kraft, soweit es nicht in seinem Geltungsbereich auf bestimmte Länder oder Landesteile der Bundesrepublik Deutschland beschränkt ist und soweit durch diesen Vertrag, insbesondere dessen Anlage I, nichts anderes bestimmt wird. (...)

Kapitel IV Völkerrechtliche Verträge und Vereinbarungen
Artikel 11 Verträge der Bundesrepublik Deutschland
Die Vertragsparteien gehen davon aus, daß völkerrechtliche Verträge und Vereinbarungen, denen die Bundesrepublik Deutschland als Vertragspartei angehört, einschließlich solcher Verträge, die Mitgliedschaften in internationalen Organisationen oder Institutionen begründen, ihre Gültigkeit behalten und die daraus folgenden Rechte und Verpflichtungen sich mit Ausnahme der in Anlage I genannten Verträge auch auf das in Artikel 3 genannte Gebiet beziehen. Soweit im Einzelfall Anpassungen erforderlich werden, wird sich die gesamtdeutsche Regierung mit den jeweiligen Vertragspartnern ins Benehmen setzen.

Artikel 12 Verträge der Deutschen Demokratischen Republik (…)
(2) Das vereinte Deutschland legt seine Haltung zum Übergang völkerrechtlicher Verträge der Deutschen Demokratischen Republik nach Konsultationen mit den jeweiligen Vertragspartnern und mit den Europäischen Gemeinschaften, soweit deren Zuständigkeiten berührt sind, fest.

Ingo von Münch (Hrsg.), Dokumente der Wiedervereinigung Deutschlands. Stuttgart 1991, S. 327-328, 331, 333

Die Karikatur (1990) rechts zeigt das Gesicht Helmut Kohls, Kanzler der Bundesrepblik Deutschland 1982-1998. Er war Regierungschef in der ersten Phase des Zusammenwachsens. Diese „innere Vereinigung" war mit Problemen verbunden, die nach dem Regierungswechsel 1998 fortbestanden.

Rückblicke

Die Geschichte der beiden deutschen Staaten von 1945 bis 1990 ist bislang überwiegend getrennt dargestellt worden. Die westdeutsche Geschichtsschreibung hatte sich vor dem Umbruch von 1989/90 zunehmend auf die Geschichte der Bundesrepublik konzentriert, während die Deutschlandforschung die Entwicklungen in der DDR beobachtete. Nach der „Wende" in der DDR und der Vereinigung Deutschlands wurden die Archive der DDR zugänglich, sodass neue Dokumente ausgewertet werden konnten. Viele wissenschaftliche Darstellungen sind aber in hohem Maße von den Wertvorstellungen der Verfasser und von politischen Problemen der Gegenwart geprägt. Persönliche Betroffenheit wird besonders in der Vielzahl der Erinnerungen deutlich, die nach 1990 veröffentlicht wurden.

- In den 50er- und frühen 60er-Jahren wurde die westdeutsche Sicht auf die DDR von der Nichtanerkennungspolitik bestimmt. Zudem galt der zweite deutsche Staat als Anhängsel der Sowjetunion. Anstelle von „DDR“ sprach man in der Bundesrepublik deshalb überwiegend von der „Ostzone“ oder einfach nur von der „Zone“. Nach dieser Deutung, die von westdeutschen Historikern weitgehend geteilt wurde, stand Demokratie gegen Diktatur, soziale Marktwirtschaft gegen zentrale Planwirtschaft. Aber auch die Geschichtswissenschaftler der DDR setzten den zweiten deutschen Staat der Bundesrepublik entgegen, indem sie vor allem deren kapitalistische Wirtschaftsstruktur als „Klassenherrschaft“ verurteilten. Nur langsam setzten sich in den 60er-Jahren in beiden deutschen Staaten ausgewogenere Interpretationen durch, die in der DDR aber weitaus deutlicher als in der Bundesrepublik vom politischen Bedürfnis nach Abgrenzung geprägt blieben.
- Die Forschung zur Geschichte der Bundesrepublik wurde in Westdeutschland in den 70er-Jahren deutlich verstärkt. Nachdem zunächst vorwiegend die Politik der Bundesregierungen und der Westmächte untersucht worden war, verlagerte sich in den 80er-Jahren das Interesse auf die Entwicklung der westdeutschen Gesellschaft nach 1945.
- In den 70er-Jahren erschienen in der Bundesrepublik auch erste Gesamtdarstellungen zur Geschichte der DDR. Die in Ostdeutschland veröffentlichten Studien rechtfertigten überwiegend einseitig die SED-Diktatur.
- Das Verhältnis zwischen den beiden deutschen Staaten ist schon in den 80er-Jahren von der westdeutschen Geschichtswissenschaft untersucht worden. Seit 1990 ist das Bedürfnis gewachsen, die Entwicklung der beiden deutschen Staaten nicht mehr ausschließlich getrennt darzustellen, sondern die Wechselbezüge zwischen der Entwicklung der Bundesrepublik und der DDR herauszuarbeiten. Damit kann der Stellenwert der Nachkriegsgeschichte der beiden Staaten für die deutsche und europäische Geschichte im 20. Jahrhundert bestimmt werden. Ansätze dazu zeigen die folgenden Auszüge.

Christoph Kleßmann (1993)

Die deutsche Nachkriegsgeschichte, insbesondere die der DDR, läßt sich in drei unterschiedliche Bezüge einordnen: die Außensteuerung durch Besatzungsmächte und Alliierte, die von den politischen Kräften im Lande gewollte und zu verantwortende Entwicklung und die Konstellation der wechselseitigen Beeinflussung. Die wichtigsten Entwicklungsimpulse wurden seit 1945 und in anderer Form seit 1949 von außen, von den Alliierten, vorgegeben und zeigten dann eine politische und ökonomische Eigendynamik, die relativ unabhängig von der Teilung und Zweistaatlichkeit war. Beide Staaten waren Mitglieder zweier unterschiedlicher Weltsysteme und gehorchten damit, unbeschadet von fortbestehenden oder sich herausbildenden Verflechtungen, unterschiedlichen und oft entgegengesetzten Imperativen. Daraus ergibt sich zwingend, daß es falsch wäre, eine durchgehend gemeinsame Periodisierung zu versuchen. Das Eigengewicht beider Staaten und Gesellschaften würde damit vernachlässigt.

Dennoch ist die DDR-Geschichte nur verständlich im Rahmen des ungeheuer starken Soges, den die ökonomisch mächtige und politisch attraktive Bundesrepublik in unmittelbarer Nachbarschaft ausübte. Umgekehrt wirkten aber sowohl die schiere Existenz eines kommunistischen deutschen Staates als auch zahllose politische Entscheidungen und Vorgänge in der DDR und nicht zuletzt das große Heer von Flüchtlingen aus dem „Arbeiter-und-Bauern-Staat" direkt wie indirekt auf die Bundesrepublik zurück, beeinflußten ihrerseits politische Entscheidungen, förderten oder behinderten die Durchsetzbarkeit politischer und gesellschaftlicher Konzepte und prägten das Profil der politischen Kultur der Bundesrepublik. Insofern läßt sich die Geschichte beider Staaten in vielen Aspekten als eine Beziehungsgeschichte verstehen, in der „wichtige Legitimationsmuster aus der Negation des Konkurrenzstaates" abzuleiten sind.

Christoph Kleßmann, Verflechtung und Abgrenzung.
Aspekte der geteilten und zusammengehörigen deutschen Nachkriegsgeschichte;
in: Aus Politik und Zeitgeschichte.
Beilage zur Wochenzeitung „Das Parlament",
B 29-30/93 v. 16. 7. 1993, S. 40

Peter Bender (1996)

Bundesrepublik und DDR blieben, solange sie bestanden, aufeinander bezogen. Gerade die Zeiten der schlimmsten Feindschaft ließen erkennen, daß hier eine Nation mit sich selbst kämpfte: So böse streitet man nur mit dem Bruder. Keiner konnte auch vom anderen absehen, selbst wenn er es wollte. Jeder baute seinen Staat und machte Politik nach eigenen Grundsätzen und Erfordernissen, aber meist auch mit einem Blick auf den Konkurrenzstaat. Keiner durfte sich eine Blöße geben, jeder wollte – möglichst überall – der Bessere sein.

Jeder wollte die Nazi-Hinterlassenschaft endgültig überwunden, die volle Souveränität wirklich erworben und für die deutsche Einheit allein gefochten haben; wenn vom Ungeist der Vergangenheit, von Satelliten und Spaltern die Rede war, dann war immer nur die Gegenseite gemeint. Beiden gerieten auch ihre Anstrengungen manchmal sehr ähnlich. Sie bekämpften die personelle Hitler-Erbschaft nicht nur, sondern söhnten sich auch mit ihr aus. Sie emanzipierten sich von ihren Führungsmächten zwar in unterschiedlichem Maß und nicht zur selben Zeit, aber in Prozessen, die bemerkenswert parallel verliefen.

Für Bonn und Ost-Berlin rangierten die Bewahrung und das Wohlergehen des eigenen Staates stets vor dem Wunsch nach einer Vereinigung Deutschlands. Beide redeten mehr von Einheit, als sie dafür taten, beide fanden sich schließlich mit der Teilung ab. Doch schon die Sprache zeigte, daß da ein Rest geblieben war, ein wesentlicher Rest. Zuerst gab es in Bonn nur Wiedervereinigungspolitik, dann sprach man von Deutschlandpolitik, was mehr sein sollte als Politik mit der DDR. Und als die DDR nicht mehr nur als Feind erschien, kam eine Bezeichnung in Mode, die auch Politiker und Autoren in Ost-Berlin manchmal zögernd übernahmen: Nun gab es deutsch-deutsche Beziehungen. (...)

Dennoch lebten die Deutschen in zwei Welten, es brachte sie weit auseinander und trennte sie auch nach der staatlichen Vereinigung. Aber beide bekamen einen Sinn für Freiheit. Die Westdeutschen entwickelten ihn mit der Demokratie, die ihnen die Westmächte geschenkt hatten, die Ostdeutschen entwickelten ihn in der Auseinandersetzung mit der Diktatur, die ihnen die Sowjetunion verordnet hatte. Am Beginn der Vereinigung stand die Selbstbefreiung der Ostdeutschen, sie setzten damit ein Datum in die Geschichte Deutschlands, wie es darin selten zu finden ist.

Peter Bender, Episode oder Epoche? Zur Geschichte des geteilten Deutschland. München 1996, S. 256-257

Arnd Bauerkämper/Martin Sabrow/Bernd Stöver (1998)

Die innerdeutsche Grenze war die Trennlinie gegensätzlicher Hemisphären; an ihr standen sich Parteiendemokratie und Parteidiktatur gegenüber, Markt- und Planwirtschaft, pluralistische und monistische Gesellschaft, Liberalismus und Diktatur des Proletariats, vergesellschafteter Staat und durchstaatlichte Gesellschaft, Verwestlichung und Veröstlichung. Die Gegensätze prägten besonders in Phasen des zugespitzten Ost-West-Konflikts – wie nach dem Mauerbau 1961 – die Wahrnehmung der Zeitgenossen. In der Bundesrepublik entwickelte sich allmählich eine politische Kultur unter dem dominanten Einfluß des Westens und besonders der USA, der nahezu alle Lebensbereiche durchdrang und die Reste eines tradierten deutschen „Sonderbewußtseins" zum Verschwinden brachte. Die Bevölkerung der DDR hingegen stand unter einem erheblichen Sowjetisierungsdruck, der ihr Leben ebenfalls weit über die politische Sphäre hinaus bis in den Alltag hinein prägte. Freilich wurde zu keiner Zeit für die DDR die Ostorientierung so konstitutiv wie die Westorientierung für die Bundesrepublik, wo das Leitbild einer auf breiter politischer Partizipation beruhenden Demokratie und das Konzept einer pluralistischen Gesellschaft die traditionellen obrigkeitsstaatlichen Werte zunehmend überlagerten. (...)

Ebenso gilt aber auch, daß die Deutschen bis zum Ende der Teilung zugleich auch vielfach aufeinander bezogen blieben. Wie sich heute deutlicher als vor 1989 zeigt, bildeten Trennung und Gemeinsamkeit zwei Seiten eines in sich widersprüchlichen Ganzen, ohne deren Zusammenschau die deutsche Geschichte nach 1945 nicht erklärt werden kann. Beide deutsche Staaten wurzelten in derselben Geschichte, auch wenn sie sich in ihrer Entwicklung und Selbstdarstellung aus unterschiedlichen Arsenalen ihres Traditionsbestandes bedienen sollten. Sie blieben beide trotz der Teilung durch die gemeinsame Sprache ebenso gekennzeichnet wie durch dieselben kulturellen und mentalen Prägungen; sie standen beide auf ihre Weise in der Tradition des deutschen Wegs in die Moderne, und sie machen die Entscheidung nicht einfach, in welchem der beiden Teilstaaten die historischen Bezüge zur gemeinsamen preußisch-deutschen Machtstaatsvergangenheit deutlicher hindurchschimmerten. (...)

Ost- und Westdeutschland blieben von ihrem ersten bis zu ihrem letzten Tag gemeinsame Erben der totalen Niederlage des „Dritten Reiches"; auf ihnen beiden lasteten die Folgen des nationalsozialistischen Regimes. Die Konfrontation mit seinen Verbrechen berührte das Selbstverständnis aller Deutschen. (...)

Weder in der östlichen noch in der westlichen Hemisphäre verschwanden je die Zweifel an der Dauerhaftigkeit der deutschen Teilung, und sie bestätigten sich im Sommer und Herbst 1989, als die Mauer erst durchlässig wurde und dann in sich zusammenfiel, während die ostdeutschen Demonstranten plötzlich nicht mehr „Wir sind das Volk!" riefen, sondern: „Wir sind ein Volk!"

Arnd Bauerkämper/Martin Sabrow/Bernd Stöver, Die doppelte deutsche Zeitgeschichte; in: Dies. (Hrsg.), Doppelte Zeitgeschichte. Deutsch-deutsche Beziehungen 1945-1990. Bonn 1998, S. 9-11

Quellensammlungen

MATTHIAS JUDT (HRSG.): DDR-Geschichte in Dokumenten. Beschlüsse, Berichte und interne Materialien und Alltagszeugnisse. Berlin 1997

CHRISTOPH KLESSMANN/GEORG WAGNER (HRSG.): Das gespaltene Land. Leben in Deutschland 1945-1990. Texte und Dokumente zur Sozialgeschichte. München 1993

HERBERT MICHAELIS/ERNST SCHRAEPLER (HRSG.): Ursachen und Folgen. Vom deutschen Zusammenbruch 1918 und 1945 bis zur staatlichen Neuordnung Deutschlands in der Gegenwart, Bde. 20-26. Berlin 1974 ff.

INGO VON MÜNCH (HRSG.): Dokumente des geteilten Deutschland. Quellentexte zur Rechtslage des Deutschen Reiches, der Bundesrepublik Deutschland und der Deutschen Demokratischen Republik. 2. Auflage, Stuttgart 1976

INGO VON MÜNCH (HRSG.): Dokumente des geteilten Deutschland. Quellentexte zur Rechtslage des Deutschen Reiches, der Bundesrepublik Deutschland und der Deutschen Demokratischen Republik, Bd. 2: Seit 1968. Stuttgart 1974

HERMANN WEBER (HRSG.): DDR. Dokumente zur Geschichte der Deutschen Demokratischen Republik 1945-1985. 3. Auflage, München 1987

Darstellungen und Dokumente

CHRISTOPH KLESSMANN: Die doppelte Staatsgründung. Deutsche Geschichte 1945-1955. 5. Auflage, Göttingen 1991

CHRISTOPH KLESSMANN: Zwei Staaten, eine Nation. Deutsche Geschichte 1955-1970. 2. Auflage, Bonn 1997

ROLF STEININGER: Deutsche Geschichte seit 1945. Darstellung und Dokumente in vier Bänden. Bd. 1: 1945-1947, Bd. 2: 1948-1955. Beide Frankfurt/M. 1996

Weiterführende Literatur

ARND BAUERKÄMPER/MARTIN SABROW/ BERND STÖVER (HRSG.): Doppelte Zeitgeschichte. Deutsch-deutsche Beziehungen 1945-1990. Bonn 1998

FRIEDEMANN BEDÜRFTIG: Taschenlexikon Deutschland nach 1945. Hamburg 1996

PETER BENDER: Episode oder Epoche? Zur Geschichte des geteilten Deutschland. 2. Auflage, München 1996

WOLFGANG BENZ (HRSG.): Die Geschichte der Bundesrepublik Deutschland, Bd. 1-4: Frankfurt/M. 1989

ADOLF M. BIRKE: Nation ohne Haus. Deutschland 1945-1961. Berlin 1989

DEUTSCHLAND NACH DEM KRIEG 1945-1955 (Geo-Epoche, Nr. 9). Hamburg 2002

JÖRG ECHTERNKAMP: Nach dem Krieg. Alltagsnot, Neuorientierung und die Last der Vergangenheit 1945-1949. Zürich 2003

ANDREAS HERBST/WINFRIED RANKE/ JÜRGEN WINKLER: So funktionierte die DDR, 3 Bde. Reinbek 1994

DOMINIK GEPPERT: Die Ära Adenauer. Darmstadt 2002

GÜNTHER HEYDEMANN: Die Innenpolitik der DDR (Enzyklopädie deutscher Geschichte, Bd. 66). München 2003

HANS GEORG LEHMANN: Deutschland-Chronik 1945-1995. Bonn 1995

WINFRIED HALDER: Deutsche Teilung. Vorgeschichte und Anfangsjahre der doppelten Staatsgründung. Zürich 2002

DIERK HOFFMANN: Die DDR und Ulbricht. Gewaltsame Neuordnung und gescheiterte Modernisierung. Zürich 2003

KANZLER, KRISEN, KONTROVERSEN. Die Bundesrepublik wird 50 – eine politische Bilanz (Zeit Punkte 1/1999)

ULRICH MÄHLERT: Kleine Geschichte der DDR. München 1998

ULRICH MÄHLERT: Vademekum DDR-Forschung. Ein Leitfaden zu Archiven, Forschungsinstituten, Bibliotheken, Einrichtungen der politischen Bildung, Vereinen, Museen und Gedenkstätten. Berlin 2002

RUDOLF MORSEY: Die Bundesrepublik Deutschland: Entstehung und Entwicklung bis 1969 (Grundriß der Geschichte). 4. Aufl., München 2000

ALEXANDER von PLATO/ALMUT LEH: „Ein unglaublicher Frühling". Erfahrene Geschichte im Nachkriegsdeutschland 1945-1948. Bonn 1997

HORST PÖTZSCH: Deutsche Geschichte von 1945 bis zur Gegenwart. Die Entwicklung der beiden deutschen Staaten. München 1998

GERHARD A. RITTER: Über Deutschland. Die Bundesrepublik in der deutschen Geschichte. München 1998

JOACHIM SCHOLTYSEK: Die Außenpolitik der DDR (Enzyklopädie deutscher Geschichte, Bd. 69). München 2003

KLAUS SCHRÖDER: Der SED-Staat. Partei, Staat und Gesellschaft 1949-1990. München 1998

ROLF STEININGER: Der Kalte Krieg. Frankfurt/M. 2003

BERND STÖVER: Der Kalte Krieg. München 2003

BERND STÖVER: Die Bundesrepublik Deutschland (Kontroversen um die Geschichte). Darmstadt 2002

BEATE IHME-TUCHEL: Die DDR (Kontroversen um die Geschichte). Darmstadt 2002

HERMANN WEBER: Die DDR 1945-1990. 2. Auflage. München 1993

HERMANN WEBER: Geschichte der DDR, München 1999

DER WEG ZUR EINHEIT. Deutschland seit Mitte der achtziger Jahre (Informationen zur politischen Bildung 250, 1. Quartal 1996), hrsg. von der Bundeszentrale für politische Bildung. Bonn 1996

WERNER WEIDENFELD/KARL-RUDOLF KORTE (Hrsg.): Handbuch zur deutschen Einheit 1949-1989-1999. Bonn 1999

STEFAN WOLLE: Die heile Welt der Diktatur. Alltag und Herrschaft in der DDR 1971-1989. Berlin 1998

Jugendbücher

JOCHEN HAUSER: Familie Rechlin. Rostock 1978

SCARLETT KLEINT: Verliebt, verlobt, verheiratet. Berlin 1993

WOLFGANG JOHO: Klassentreffen. Berlin 1968CHRISTA WOLF: Der geteilte Himmel. Halle 1974

Filme und CDs

DEUTSCHLAND 1947-1949. Bundesrepublik Deutschland 1961; Regie: Wolfgang Kiepenheuer, 16 mm, 15 Min.; Bestell-Nr. Bildstellen 3 20 05 20

„ES WÄRE EIN ANDERES LEBEN". Dokumentation, Deutschland 1990, Regie: Christel Maye, VHS, 45 Min.), Bestell-Nr. Bildstellen 4 27 93 11

GOODBYE LENIN. Spielfilm von Wolfgang Becker, Deutschland 2003, 121 Min.

ULRICH MÄHLERT (HRSG.), Getrennte Vergangenheit – gemeinsame Geschichte? Eine multimediale Dokumentation des Geschichtsforums 1949-1989-1999. Eine Audio-Dokumentation von InfoRadio auf 93.1, Berlin 1999

VERRIEGELTE ZEIT. Dokumentation, Bundesrepublik Deutschland 1990, Regie: Sybille Schönemann, VHS, 90 Min.; Bestell-Nr. Bildstellen 4 27 93 56

WENDEZEIT. Dokumentation, Bundesrepublik Deutschland 1990, VHS, 26 Min.; Bestell-Nr. Bildstellen 4 27 93 05

DAS WUNDER VON BERN. Spielfilm von Sönke Wortmann, Deutschland 2003, 117 Min.

Bildquellen

Bildarchiv Preußischer Kulturbesitz 9 (Hilmar Pabel), 69, 81; Bundesbildstelle 83; DIZ/Süddeutscher Verlag 19, 41, 43, 59, 66, 67, 91; Walter Hanel 116; Gerhard Gäbler, Leipzig 109; Geschichte lernen, Heft 86 (2002), S. 34 92; Institut für Stadtgeschichte, Frankfurt/M. 29; Kevin Kallaugher (Baltimore Sun, USA, Juli 1990) 127; Josef Kaufmann 76; Jürgens, Ost- und Europaphoto, Köln 62; Landesarchiv Berlin 48, 56; Ernst Maria Lang 52; Andreas Schölzel, Berlin 112; Stadtarchiv Bremen 23; Stadt Bochum, Presse- und Informationsamt 34; Stiftung Deutsche Kinemathek, Berlin 33; Ullstein-Bilderdienst 16, 72, 89, 99

Karten: Hans-Joachim Zwick, Gießen 21, Cornelsen-Verlag, Berlin 38